Musik und Tanz für Kinder
herausgegeben von Barbara Haselbach,
Rudolf Nykrin und Hermann Regner

Von Räubern, Riesen und Getier

Eine Praxishilfe
zum Musizier- und Übebuch
für Stabspiele
und andere Schlaginstrumente
von Hermann Urabl

Illustrationen: Joachim Schuster

SCHOTT
Mainz · London · Madrid · New York · Paris · Tokyo · Toronto

Dieses Buch widme ich
Gunther
und allen, die ihn gekannt haben.

ED 8202
ISMN M-001-11379-3
ISBN 3-7957-5179-9

Printed in Germany · BSS 47932
Fotos: Herbert Huber, Salzburg

Inhalt

Vorwort

Das Musizier- und Übebuch für Stabspiele und andere Schlaginstrumente „Von Räubern, Riesen und Getier" (ED 8201) gehört zum Unterrichtswerk „Musik und Tanz für Kinder" (Musikalische Grundausbildung). Das Buch bietet Materialien für alle Kindergruppen, in denen die Lehrerin/der Lehrer[1] einen Arbeitsschwerpunkt im instrumentalen Bereich setzen möchte. Darüber hinaus wendet es sich an instrumentale Neigungsgruppen und Spielkreise. Angeknüpft wird an Erfahrungen, die die Kinder in der Früherziehung oder Grundausbildung gemacht haben.

Das Werk will traditionelle und freie Spieltechniken auf Stabspielen vermitteln, diese kontinuierlich und systematisch fördern und dazu anleiten, die erworbenen Kenntnisse in verschiedenen Spielsituationen einzusetzen. Der Umgang mit der Notenschrift wird durch die ständige praktische Anwendung beim Instrumentalspiel bald eine vertraute Angelegenheit. Bilder und Geschichten, Texte und grafische Zeichen regen zum Spielen und Erfinden an. Eine Vielzahl neuer Spiellieder und Spielstücke sowie Kompositionen aus dem Orff-Schulwerk geben die Möglichkeit, miteinander zu musizieren. Zudem sind die Stücke für Anlässe geeignet, bei denen die Kinder ihr Können vor einem Publikum zeigen.

Instrumentarium

Die Stabspiele – Xylophone, Glockenspiele und Metallophone – haben die Kinder in unterschiedlichen Themenkreisen der Musikalischen Früherziehung (MFE) bzw. Grundausbildung (MGA) bereits kennengelernt. In „Von Räubern, Riesen und Getier" spielen diese Instrumente die „Hauptrolle". Die spieltechnischen Übungen, kleinen Etüden und Spielstücke bewegen sich in einem maximalen Tonumfang von *c'* bis *a"*, d.h., die Kinder lernen im Notenbild bereits die erste Hilfslinie oben und unten kennen. Die meisten Altxylophone und Altmetal-lophone bekannter Hersteller verfügen über diesen Tonumfang, der sich auch weitgehend mit dem Umfang der Kinderstimme deckt.

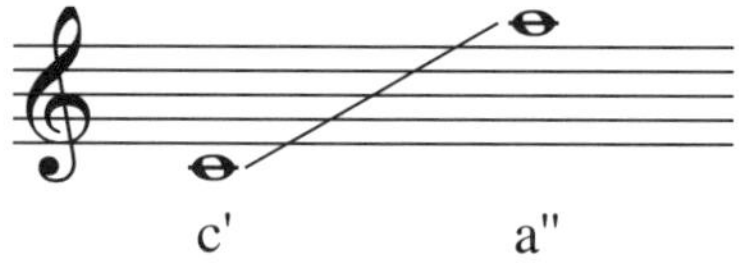

Aus klanglichen Gründen werden die spieltechnischen Übungen überwiegend auf Xylophonen realisiert, weshalb nach Möglichkeit im Unterricht für jedes Kind der Gruppe ein solches Instrument vorhanden sein sollte. Glockenspiele, Metallophone und insbesondere alle anderen Schlaginstrumente bereichern das Klangbild in vielen musikalischen Geschichten, Spielliedern und Spielstücken.

Üben und Übeinstrument

Bei der Arbeit mit dem vorliegenden Material sollten kurze Übephasen im Unterricht ihren Platz haben. Für Hilfestellung und Korrekturen durch den Lehrer muß bereits bei der Stundenvorbereitung genügend Zeit eingeplant werden.

Es ist erstrebenswert, daß jedem Kind ein brauchbares Altxylophon zu Hause zum Üben zur Verfügung steht, denn die tägliche Beschäftigung mit dem Instrument ist eine große Bereicherung und Chance. Manche Eltern werden sicher bereit sein, für ihr Kind ein Xylophon zu kaufen. Dabei ist auf Qualität zu achten, denn ein guter Klang ist für die musikalische Entwicklung der Kinder und die Schulung des Gehörs eine unabdingbare Voraussetzung. Resonanzkasten und Stabsatz werden bei den anerkannten Herstellern aus ausgesuchten Hölzern und anderen hochwertigen Materialien gefertigt, was bestmögliche Klangqualität und eine stabile Stimmung gewährleistet. Abzuraten ist in jedem Fall von billigst hergestellten Spielzeug-„Instrumenten"!

Vielleicht lassen sich in den Musikschulen auch über Leihinstrumente Wege finden, den optimalen Zustand – „Jeder hat sein Instrument zu Hause" – schaffen zu können. (Es sollten dann aber wirklich für a l l e Kinder einer Gruppe dieselben Voraussetzungen gegeben sein.) Das vorliegende Buch ist jedoch auf die wahrscheinlichere Situation, in der sich ein Musizieren und Üben auf die Unterrichtszeit beschränkt, ausgerichtet und macht für die Kinder den Besitz eines Übeinstrumentes nicht zur Bedingung.

[1] Im folgenden wird der Begriff „Lehrer" geschlechtsneutral verwendet.

Praxishilfe

Die vorliegende Praxishilfe beschreibt thematische Hintergründe und liefert ergänzende Materialien zum Musizierbuch, die der Lehrer bei der Beschäftigung mit den einzelnen Abschnitten einbringen kann. Sie leistet Hilfestellung für das Erarbeiten der verschiedenen Themen und bietet über das Musizierbuch hinausgehende Sachinformationen.

Die Praxishilfe kann und soll nicht die Vielzahl der grundsätzlichen musikpädagogischen Gedanken und Empfehlungen der umfangreichen Lehrerkommentare (LK) zur MFE oder MGA von „Musik und Tanz für Kinder" wiederholen. Aus diesem Grund wird manchmal auf die „Kernstücke" dieser Publikationen verwiesen.

Spielgruppen ohne vorhergegangene Früherziehung oder Grundausbildung sollen mit dem vorliegenden Unterrichtsmaterial natürlich ebenfalls arbeiten können. Die in der Praxishilfe genannten methodischen Hinweise gehen hierauf in besonderem Maße ein.

Anhang

Die Instrumentenkunde im Anhang zur Praxishilfe erläutert in einer ausführlichen Bilddokumentation die Spieltechniken und Einsatzmöglichkeiten von kleinem Schlagwerk, Fell- und Effektinstrumenten. Ferner wird weiterführende Literatur für gemischte Ensemblegruppen genannt.

Mein besonderer Dank gilt Frau Monika Heinrich, die sich als Lektorin mit besonderem Engagement meiner Arbeit angenommen hat.

Salzburg, im Sommer 1994 Hermann Urabl

Vorschläge für die Unterrichtsarbeit

Unsere Stabspiele — MB S. 4/5

Voraussetzungen für ein gezieltes Üben und Lernen auf Stabspielen sind
- die richtige Spielhaltung und
- eine korrekte Schlägelhaltung.

Darüber hinaus müssen die Kinder wissen, wie sie ihr Instrument für das Spiel vorbereiten und richtig aufbauen.

Herr Pinguin, der die Kinder durch das ganze Musizierbuch begleiten wird, lädt in eine Unterrichtsstunde ein. Er stellt den Kindern die Stabspiele und deren Namen vor oder möchte dies alles nur wieder in Erinnerung rufen. – Wir können im Musizierbuch sehen, wie die Kinder Klangstäbe auf ein Instrument legen oder miteinander musizieren. Wir erkennen, daß unterschiedliche Instrumententische verwendet werden und Instrumente mit Stativbeinen der Sitzhöhe entsprechend anzupassen sind.

Zu jedem Instrument gibt es Schlägel, deren Köpfe so beschaffen sind, daß der Klang des Stabspieles sich voll entwickeln kann. Die oft gestellte Frage nach dem „richtigen“ Schlägel ist allerdings nicht eindeutig zu beantworten.

Zu empfehlen sind:
- Schlägel mit mittelgroßen Hartfilzköpfen für Altxylophone und Altmetallophone,
- etwas größere und weichere Schlägel (meist mit einer Garnwicklung) für Baßxylophone und Baßmetallophone,
- Schlägel mit kleinen Holz- oder Plastikköpfen für Sopran- und Altglockenspiele.

Es ist aber wichtig und reizvoll, auch andere Schlägel/Instrument-Kombinationen auszuprobieren, um weitere Klangqualitäten der Stabspiele zu entdecken.

Tip: Das Solo eines Sopranxylophons auch einmal mit Holzschlägeln spielen! Gespielt wird natürlich beidhändig.

Anmerkung: Je härter der Schlägelkopf, um so stärker hört man die Obertöne und um so mehr „verschwindet“ der eigentliche Grundton. Auf einem Metallophon ist das besonders gut zu hören.

Der Tonumfang der Stabspiele:

Instrument	Kürzel	Tonumfang (Klang)	Notierung
Sopranglockenspiel	SG	 16	
Altglockenspiel	AG	 8	
Sopranmetallophon	SM	 8	
Altmetallophon	AM		
Sopranxylophon	SX	 8	
Altxylophon	AX		
Baßxylophon Baßmetallophon	BX BM	 8	 8

Abweichungen hinsichtlich des Tonumfangs und der Bezeichnung sind bei Instrumenten verschiedener Hersteller möglich.

Für einen – oder zwei – oder mehr Spieler

MB S. 6/7

Die grafischen Zeichen in diesem Spielstück sind Kindern aus der MFE oder MGA „Musik und Tanz für Kinder" bereits bekannt. Nach einer solchen Notation spielten die Tamukinder ein Wirbel-Warbel-Worbel-Stück (MFE, Kinderheft 4, Seite 16/17, Schott ED 7344), und im Kinderbuch zur MGA (Seite 18/19, Schott ED 7648) galt es, nach grafischen Zeichen Kunststücke auf Stabspielen zu vollbringen.

Aber auch ohne diese Voraussetzungen wird es nicht schwer sein, das Notenbild dieser beiden Seiten zu verstehen und in Klänge umzusetzen.

Das Spielmaterial besteht aus:

- langgezogenen bzw. sehr kurzen Glissandobögen,

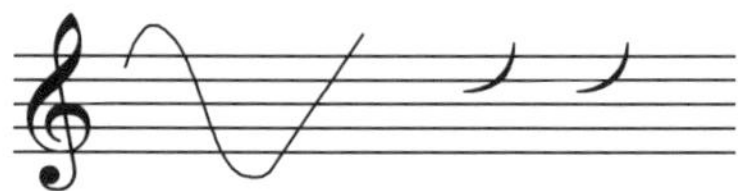

- tremoloähnlichen Klängen, die durch rasches Hin- und Herbewegen eines Schlägels entstehen, und

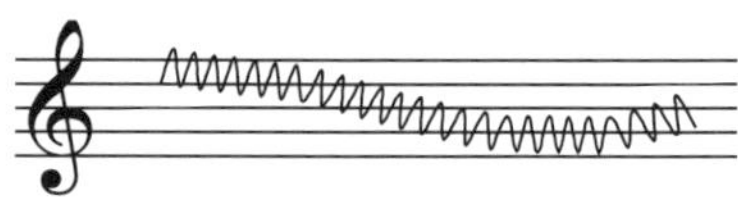

- einigen Tönen, bei denen man sehr genau „zielen" muß.

c' *und* a" *sitzen auf den beiden Hilfslinien und begrenzen den Tonumfang der Stabspiele.*

Die beiden Notenzeilen im Musizierbuch können einzeln hintereinander, aber auch gleichzeitig gespielt werden. Musizieren mehrere Spieler gemeinsam, sollte ein Kind mit einem Schlägelstiel als „Zeigestock" die Partitur entlangfahren und damit auch das Tempo bestimmen.

Wird das Stück von zwei Solisten ausgeführt, sollten beide versuchen, die Noten des Partners während des eigenen Spiels mitzuverfolgen, d.h. ohne einen „Dirigenten" zu musizieren.

Tip: Wenn man die Noten „auf den Kopf stellt", kann man das Stück auch von hinten nach vorne spielen!

Kinder, die die MFE „Musik und Tanz für Kinder" besuchten, haben Lise Leise sicher schon auf den ersten Seiten des Musizierbuches entdeckt. Nun gesellt sich auch noch Leo Laut hinzu. Das Forte- und Piano-Spiel soll an verschiedenen Stellen des Stückes erprobt werden und die Kinder durch Beachtung von Dynamikzeichen, die sie selbst in die Partitur eintragen, zu einer differenzierteren Ausführung ermuntern.

Ein weiteres Zeichen der traditionellen Notenschrift, das ⟩ Decrescendo (stellt man das Stück auf den Kopf, wird es zum Crescendo), läßt sich gerade mit der dazu notierten Spieltechnik (schnelles Hin- und Hergleiten auf den Stäben) sehr gut realisieren.

Anmerkung: Das Stück ist für Instrumente mit dem eingangs beschriebenen Tonumfang *c'* bis *a"* konzipiert. Werden Stabspiele mit größerem oder kleinerem Tonumfang verwendet, muß der Lehrer darauf entsprechend eingehen und mit den Kindern Lösungen besprechen. Zur Ausführung eignen sich am besten Xylophone.

Das kleine, grüne Unterseeboot	**MB S. 8/9**

Was wird dieses kleine, grüne Unterseeboot wohl erwarten, wenn es durch das Ofenrohr schwimmt – Da kommen ja ganz geheimnisvolle Luftblasen heraus! Sitzt da etwa jemand drin?

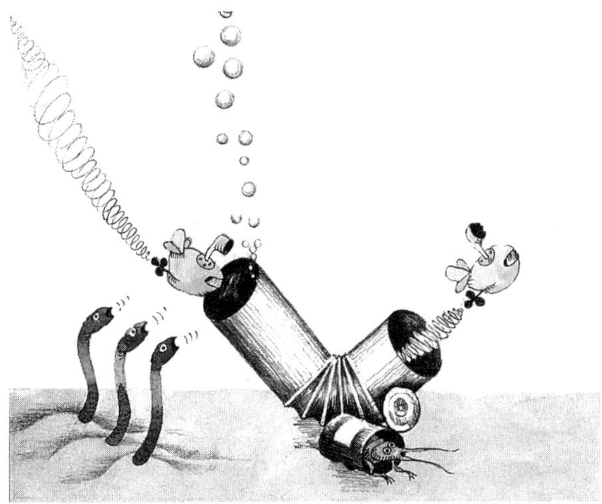

Diese und viele weitere Fragen stellen sich beim Betrachten der beiden Musizierbuchseiten, die dazu anregen sollen, mit allen verfügbaren Klangerzeugern – mit der Stimme, mit Musikinstrumenten und mit allem, was sonst noch Klänge oder Geräusche hervorbringen kann – die abenteuerliche Reise eines kleinen Unterseebootes hörbar zu machen.

Das kleine Unterseeboot benötigt natürlich einen Motor, der es antreibt. Die Turbine bringt das Wasser in Bewegung und läßt es glucksen und blubbern. Es lassen sich sicher Instrumente finden, auf denen man solche Geräusche erzeugen kann. Aber in dieser Geschichte könnten auch einmal Trinkstrohhalme und mit Wasser gefüllte Gläser mitspielen.

Die im Bild angedeuteten Szenen sollen von den Kindern weitererzählt werden. Außerdem bieten die beiden Seiten genügend Raum für Mal- und Zeichenaktionen.

Tip: Einige Spiel- und Klangmöglichkeiten für Stabspiele haben die Kinder im vorangehenden Musikstück erprobt und kennengelernt. Vielleicht können sie ihre Erfahrungen in diese Geschichte einbringen. – Eine Tonbandaufnahme soll das „Hörspiel" dokumentieren.

Anmerkung: Die Umsetzung dieser Bilder in Klänge kann in unterschiedlichster Form erfolgen. So kann ein Kind sein fertiggestelltes Bild auf verschiedenen selbst gewählten Instrumenten alleine verklanglichen. Ebenso ist es möglich, daß sich mehrere Kinder gemeinsam mit einem Abenteuer des Unterseebootes beschäftigen. Die Reise durch die geheimnisvollen Gewässer wird aber sicher besonders spannend, wenn es gelingt, die vielen Ideen der Kinder in einer gemeinsamen Klanggeschichte zusammenzufassen.

Musik mit „Bausteinen“ MB S. 10–15

Dieser kleine „Kompositionsbaukasten“ ermöglicht unterschiedliche Aufgabenstellungen, die auf Stabspielen, aber auch auf anderen Schlaginstrumenten oder mit der Stimme realisiert werden können.

Manche Abbildungen auf den Bausteinkärtchen der Seiten 11 und 13 des Musizierbuches kennen die Kinder bereits aus dem Xylophonstück von Seite 6/7. Ebenfalls bekannt sind die Zeichen für „piano“ und „forte“ sowie das Crescendo- und Decrescendo-Zeichen.

Nun betrachten wir die Zeichen etwas näher:

- *die fünf Notenlinien, auf denen wir den Tönen ganz bestimmte Plätze zuweisen und wo wir ganze „Leitern von Tönen“ – Tonleitern – aufschreiben können.*

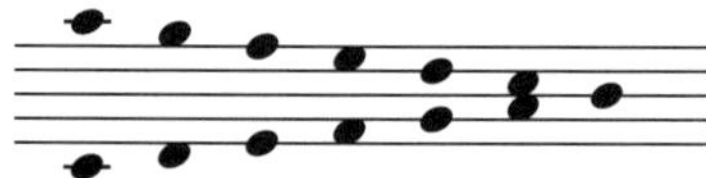

- *den Violinschlüssel, der auch* G-*Schlüssel heißt, in dem man die Buchstaben* G *bzw.* g *entdecken kann.* (Auf Seite 10 des Musizierbuches ist Platz für eine Schreibübung.)

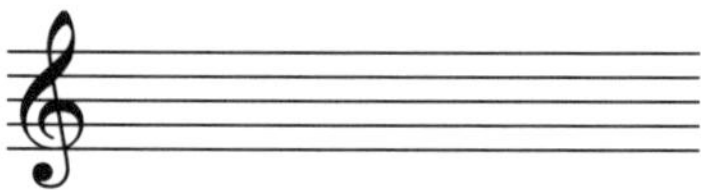

Schließlich lernen wir noch einige neue Zeichen kennen, die nötig sind, wenn man Musik aufschreiben möchte:

Die Kinder schneiden die Kärtchen aus und legen eigene Kompositionen.

Der erste Baustein der Reihe ist mit einem Violinschlüssel zu versehen. (Damit nicht immer dasselbe Kärtchen am Anfang stehen muß, schreibt man den Violinschlüssel am besten mit Bleistift, um ihn wieder ausradieren zu können.) Der letzte Baustein der Komposition braucht einen Schlußstrich. Eine andere Möglichkeit ist die Anfertigung von Kärtchen mit einem Violinschlüssel und mit einem Schlußstrich. Die Rückseiten der Kärtchen enthalten Informationen und Ideen zur Gestaltung des Spieles.

Eine Spielvariante ergibt sich dadurch, daß zwei Kinder ihre Kärtchen-Kompositionen in zwei langen Reihen übereinander legen.

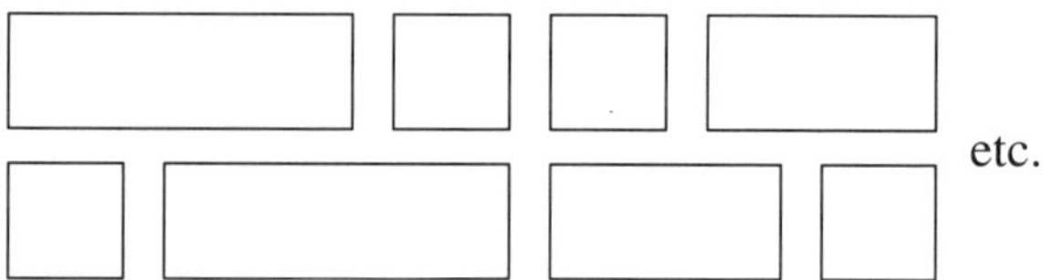

etc.

Diese zwei „Systeme“ können gleichzeitig – evtl. unter Zuhilfenahme eines Zeigestocks, den ein „Dirigent“ langsam am Stück entlang bewegt – abgespielt werden.

Auf Seite 15 des Musizierbuches soll ein Briefumschlag für die ausgeschnittenen Kärtchen aufgeklebt werden.

Das Lieder-Rätsel-Rate-Spiel — MB S. 16/17

Die ersten Spielversuche auf Stabspielen bestehen bei Kindern wie auch bei Erwachsenen häufig darin, vertraute Melodien auf dem Instrument zu realisieren. Die Bilder sollen dazu anregen, zumindest den Anfang der dargestellten Lieder zu spielen.
Aber Achtung: Nicht mit jedem Ton kann man beginnen!

Bei einem der Lieder ist der Anfang der Melodie notiert, und die Kinder sollen dazu ein Bild malen. Der Lehrer spielt oder summt den Liedanfang, und vielleicht ist die kleine Wanze, die am Bildrand sitzt, eine kleine Hilfe bei diesem Rätsel.

Dieses Lied findet man auch im Liederheft zur MGA „Wenn ich richtig fröhlich bin“ (Seite 8, Schott ED 7788). Ein einfacher Begleitsatz für Stabspiele steht in „Musik und Tanz für Kinder“ LK/MGA (Seite 280, Schott ED 7705). Im vorliegenden Unterrichtsmaterial wurde das Lied jedoch aus methodischen Gründen nach G-Dur transponiert.

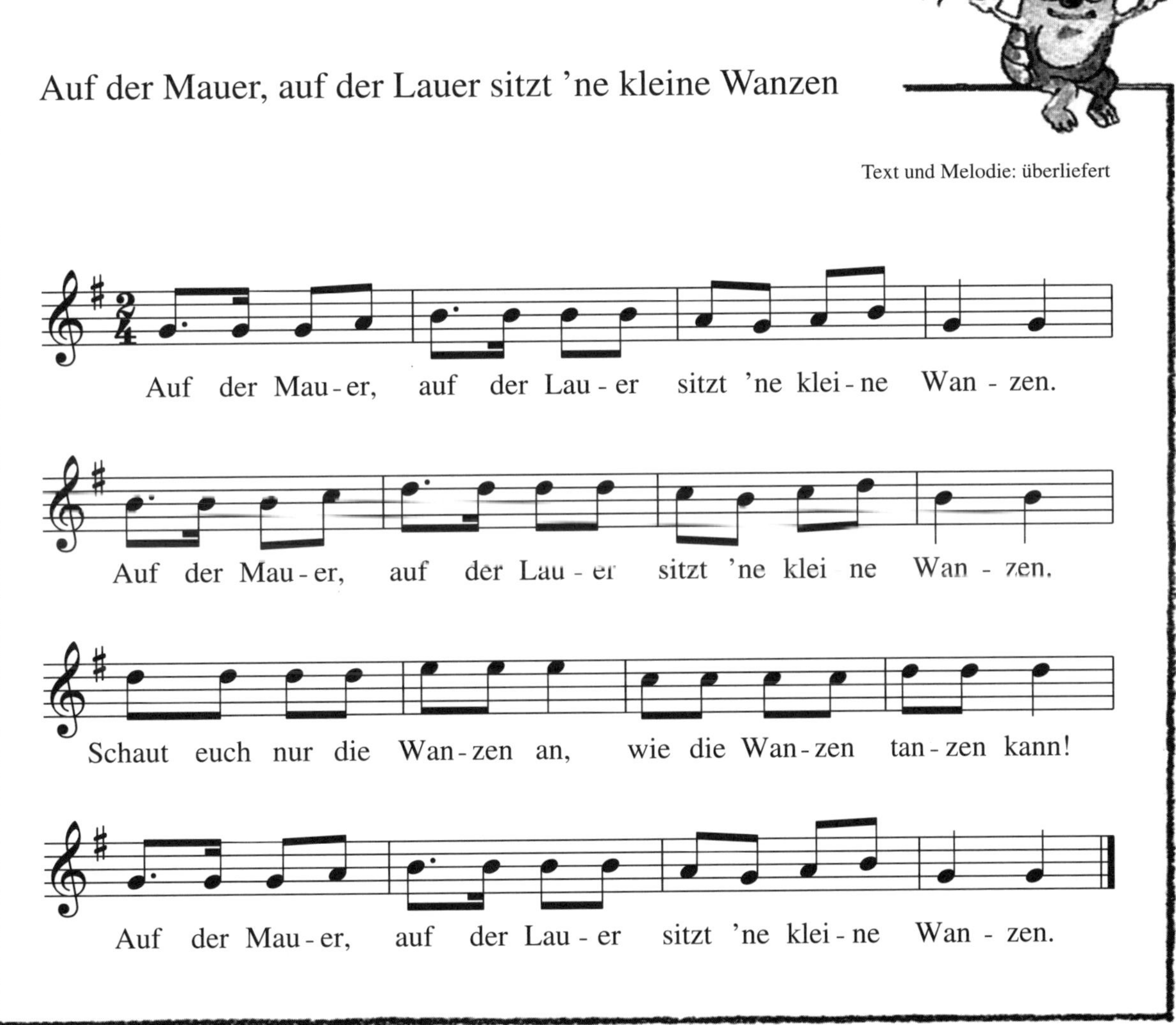

Mit welchen Tönen können wir nun wirklich beginnen? – Die Kinder sollen natürlich erst einmal ausprobieren. Die richtigen Lösungen sind im folgenden angegeben. Es wird davon ausgegangen, daß die Instrumente einen Tonumfang von *c'* bis *a''* haben und daß die „Halbtonstäbe“ *fis* oder *b* erst später eingeführt werden (siehe dazu Musizierbuch Seite 62ff.).

Drei Chinesen mit dem Kontrabaß

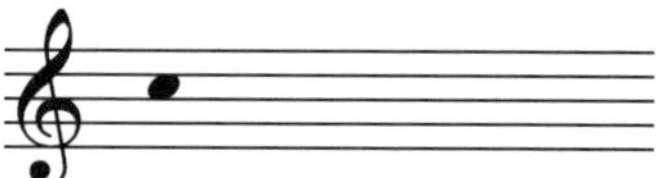

Der Kuckuck und der Esel

Auf der Mauer, auf der Lauer

Ich geh' mit meiner Laterne

Alle diese Lieder sollen selbstverständlich gesungen werden, wobei es hilfreich ist, die Tonart zu wählen, die auch auf dem Instrument ausführbar ist. Für das „Kuckuckslied“, das „Laternenlied“ und für „Auf der Mauer, auf der Lauer“ wird zum Singen der mittlere der genannten Töne als „Anfangston“ empfohlen.

Auf die Begleitung der Lieder mit Stabspielen wird zu diesem Zeitpunkt noch nicht näher eingegangen, da es sich ausschließlich um kadenzierende Modelle handelt, für deren Begleitung die erforderlichen Kenntnisse und Voraussetzungen bei den Kindern noch fehlen.

Die Liedbegleitung – vielleicht eine einfache Gitarrenbegleitung – übernimmt hier der Lehrer. Die Kinder erfinden dazu kleine rhythmische Motive, die sie klatschen oder patschen.

Anmerkung: Unter den Bildern befinden sich leere Notenzeilen. Hier können die Kinder – evtl. zu einem späteren Zeitpunkt – den Anfang der Liedmelodie notieren.

Schau genau! MB S. 18

In diesem Stück werden nicht mehr alle Klangstäbe des Stabspieles benötigt. Die zu verwendenden Töne bzw. Klangstäbe sind ab S. 18 des Musizierbuches immer in Kästchen angegeben:

Diese Töne brauchen wir:

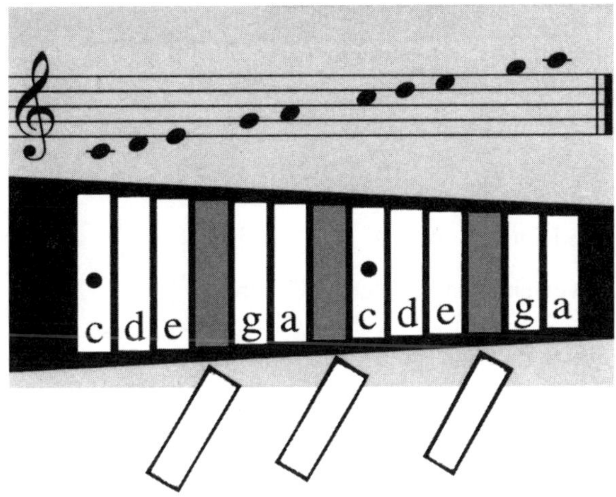

Anmerkung: In diesem Kästchen wird immer eine vollständige Skala abgebildet, die aber nicht unbedingt in ihrem gesamten Umfang in allen Stimmen Verwendung findet. In späteren Beispielen kann man das insbesondere bei den Begleitstimmen feststellen.

Die nicht benötigten Klangstäbe werden entfernt. Bei älteren Stabspielen müssen die Kinder immer wieder daran erinnert werden, daß man die Stäbe mit beiden Händen an den Enden anfaßt und nach oben abhebt, damit die Führungsstifte nicht verbogen werden. Neuere Instrumente sind teilweise schon mit flexiblen und dauerelastischen Pins ausgestattet, die eine Beschädigung ausschließen.

Das Stück basiert auf einer pentatonischen Skala (Do-Pentatonik). Das Notenbild läßt viele Interpretationsmöglichkeiten zu. Die Dauer der Töne ist nicht fixiert: Es gibt keine Notenhälse, die dem Ton einen Notenwert zuweisen. Wohl aber stehen die Noten in relativen zeitlichen Beziehungen zueinander: Ihre Abstände sind unterschiedlich und verändern sich. Dies sollen die Kinder im Gespräch mit dem Lehrer „entdecken“.

Die Fermate – ein neues Zeichen – fordert an einigen Stellen im Stück zum kurzen Innehalten auf.

Dieses kleine Xylophonstück ist ein Solo-Studie und kann durchaus ein erstes Vorspielstück werden; die Kinder können es in ihrer ganz eigenen Interpretation vortragen.

Melodien erfinden – Melodien begleiten **MB S. 19**

Die Kinder erproben zum ersten Mal Begleitmotive für Stabspiele. Das Tonmaterial ist das gleiche wie im Kapitel „Schau genau!".

Die einzelnen Begleitmotive auf den im Musizierbuch gezeichneten Notenpulten des „Orchesters" sind von den Spielern ständig zu wiederholen = Ostinatobegleitung[2].

Die hier eingeführte „Handsatz-Notation" soll in den folgenden Kapiteln beibehalten werden. „Handsatz-Notation" bedeutet: Die Notenhälse zeigen an, mit welcher Hand die Töne zu spielen sind (vgl. Definition „Handsatz" s. Seite 18).

rechte Hand [R] ♩
linke Hand [L] 𝅘𝅥 (Hals nach unten)

Anmerkung: Von diesem Kapitel an finden sich in den Musikbeispielen und Aufgaben die wichtigsten Notenwerte, Pausenzeichen, absolute Tonhöhen (Notennamen) und einfache Taktarten. Es würde jedoch den Umfang eines solchen Unterrichtsmaterials sprengen, einen kompletten Lehrgang für die Einführung all dieser Elemente zu geben. Auch bei Aufgabenbereichen, in denen die Kinder Melodien erfinden und kleine formale Abläufe gestalten sollen, ist es nicht möglich, in dieser Praxishilfe eine ausführliche Methodik anzubieten.

Zu all diesen Fragen des Umgangs mit Inhalten der Musiklehre bietet der LK/MGA zu „Musik und Tanz für Kinder" im Kapitel 8.6 (Seite 89–141) sehr ausführliche Darstellungen. Die dort beschriebenen Themenkreise behandeln u.a.:

- rhythmische Erfahrung und Rhythmussprache,
- melodische Erfahrung,
- Notation,
- Formerfahrung,
- relative Solmisation und innere Tonvorstellung.

Klanggestenspiele und Spiegelbildübungen

Die folgenden Klanggestenspiele und Spiegelbildübungen dienen als Vorübungen zu den Begleitaufgaben. Die Kinder sitzen dem Lehrer gegenüber. Kein Kind soll seitlich des Spielleiters sitzen, da aus diesem Blickwinkel ein „Spiegelbild" nicht abgenommen werden kann.

Vor- und Nachmachen:

Die Kinder imitieren

a) verschiedene Gesten des Lehrers:
- Kreise mit der rechten oder mit der linken Hand;
- seitlich auf den Boden klopfen;
- das linke oder das rechte Ohr anfassen;
- weitere Bewegungen, die das Prinzip des Spiels verständlich machen;

b) kurze rhythmische Motive:
- einmal mit der linken, dann mit der rechten Hand auf den Boden, auf die Schenkel patschen.

Schließlich werden ständig gleichbleibende rhythmische Klanggesten – Ostinati, die der Lehrer zunächst mit der einen, dann auch mit der anderen Hand und mit beiden Händen abwechselnd ausführt – von den Kindern simultan mitvollzogen.

Den Abschluß der Vorübungen bilden folgende rhythmische Motive, die die Basis für zwei der im Musizierbuch auf Seite 19 notierten Stabspiel-Ostinati sind.
Achtung: Der Lehrer macht alle Übungen spiegelverkehrt!

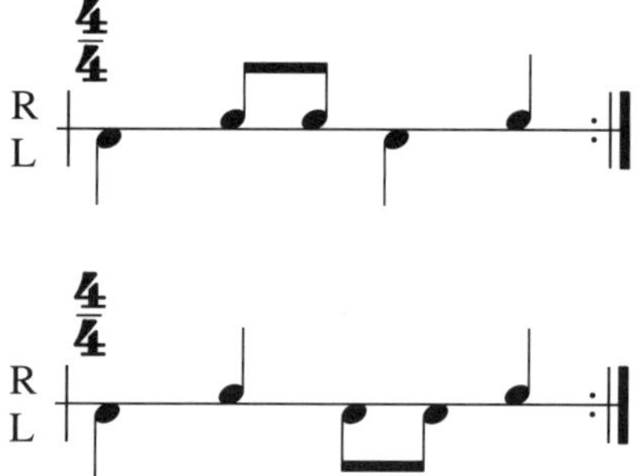

[2] „ostinato" – von lat. „obstinatus" = hartnäckig, immer wiederkehrend; ein über längere Zeit sich wiederholendes rhythmisches, melodisches, harmonisches oder kombiniertes Motiv

Nun kommt das Stabspiel des Lehrers – spiegelverkehrt – zum Einsatz. Es steht aus der Sicht der Kinder „richtig“, für den Lehrer, der den Kindern gegenübersitzt, aber seitenverkehrt.

Das Spiel beginnt mit einfachsten Ostinatofiguren, die die Kinder vom Instrument des Lehrers „ablesen“ können. Die Ostinati werden so lange gespielt, bis alle Kinder sie aufgenommen haben und mitspielen:

Auf diese Weise werden auch die im Musizierbuch abgedruckten Begleitstimmen geübt und anschließend von den Kindern den einzelnen Notenbeispielen im Buch zugeordnet.

Tip: Mehrere Ostinati können gleichzeitig gespielt werden.

Der Solist, der von einem oder mehreren Spielern begleitet wird, braucht keine Noten, da er auf seinem Instrument eine Melodie erfinden soll. Er bestimmt auch, wann das Stück zu Ende ist. Die Begleiter sollen darauf achten!

Anmerkung: Das Kapitel „Musik mit unserem Körper“ und der ergänzende Materialteil im LK/MGA zu „Musik und Tanz für Kinder“ (Seite 216 – 232) beschäftigen sich sehr eingehend mit Klanggesten.

Treffübungen für „Begleiter" – und ein gemeinsamer Spaziergang

MB S. 20/21

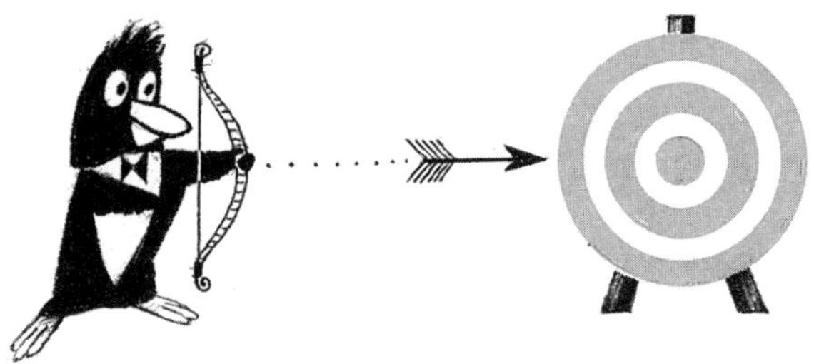

In diesen „Treffübungen für ‚Begleiter'" pendeln einmal die Töne der rechten Hand, dann die Töne der linken Hand hin und her = „schweifender Bordun"[3]:

Die Übungen führen schließlich zu einer Begleitform, in der beide Töne pendeln, dem „doppelt schweifenden Bordun":

Ein „gemeinsamer Spaziergang", bei dem ein Kind die Melodie spielt und von einem anderen Kind begleitet wird, schließt die Aufgaben und Übungen ab.

Achtung: Die Melodie soll mit dem Grundton der hier verwendeten Skala beginnen und mit diesem Ton auch enden. Der Solist bestimmt, wie lange die Melodie dauern soll.

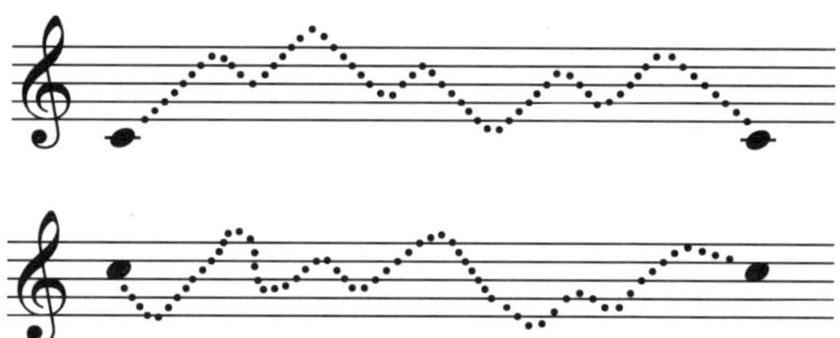

Zur Begleitung können mehrere Ostinati gleichzeitig gespielt werden. In diesem Fall sollte der Solist etwas härtere Schlägel verwenden.

[3] Bordun: Eine einfache Form der Begleitung einer Melodie durch das Aushalten oder ständige Wiederholen ihres Grundtones, häufig auch zusammen mit der darüberliegenden Quinte. In den Stabspielübungen des Orff-Schulwerks wird dieser Begriff und eine erweiterte Form („schweifender Bordun", „doppelt schweifender Bordun") für Begleitostinati, wie sie auch auf den Seiten 20 und 21 des Musizierbuches Anwendung finden, gebraucht.

Tanzstück MB S. 22/23

Im Orff-Schulwerk „Musik für Kinder" Band III (Seite 16 – 21) finden sich „Zehn kleine Tanzstücke" für Stabspiele und andere Instrumente. Das hier ausgewählte erste Tanzstück verwendet Xylophon-Begleittöne, die den Kindern aus den vorangehenden „Treffübungen für ‚Begleiter'" bereits bekannt sind („schließlich pendeln die Töne in beiden Händen").

Allerdings stehen nun im „Tanzstück" die Begleitstimmen im 3/4 Takt und umfassen mehrere Takte. Die Begleittöne sind in ihrer harmonischen Funktion als eine Folge von „Tonika – Dominante" zu verstehen[4].

Echospiele mit Klanggesten

Echospiele mit Klanggesten sollen auf die neue Taktart und die Strukturen der Begleitung in diesem „Tanzstück" vorbereiten.

Einige Anregungen zum Vor- und Nachklatschen:

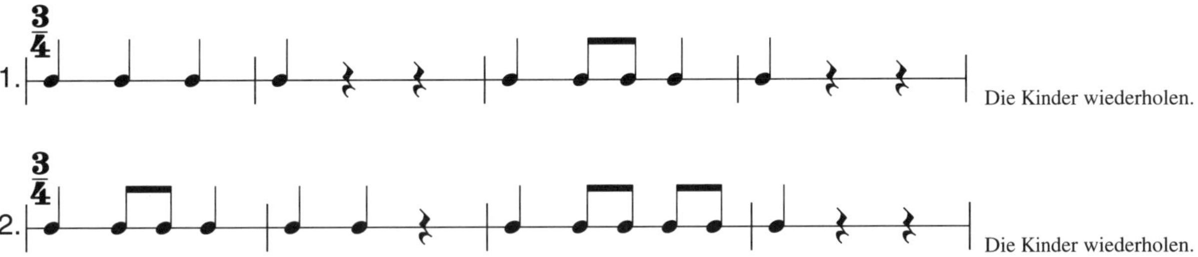

Viele einfache Variationen dieser rhythmischen Übungen – von den Kindern selbst erfunden – sind möglich.

Einige Kinder übernehmen nun eine Klanggesten-Begleitung:

Mit diesen Klanggesten sollen die in den ersten Übungen beim Echospiel erprobten Motive begleitet werden. Das Ziel ist die zweistimmige rhythmische Übung auf der folgenden Seite.

[4] Band III des Orff-Schulwerks widmet sich dem Thema „Hauptstufen in Dur".

Dem Erarbeiten der Xylophonstimmen des „Tanzstückes“ soll das Betrachten der Partitur im Musizierbuch vorangehen. Der Begriff „Partitur“ und vermutlich auch diese Form der Darstellung werden den Kindern neu sein. Es sind bekannte Notenzeichen zu entdecken (z.B. die vielen Wiederholungszeichen), aber „das erste Haus“ und „das zweite Haus“ erfordern entsprechende Erläuterungen.

Die Notenhälse zeigen nun nicht mehr an, welche Töne mit welcher Hand zu spielen sind:

- Bei der Altxylophonstimme erinnern sich die Kinder sicher an die Spielweise, die in den „Treffübungen für ‚Begleiter'“ Verwendung fand.
- Die „Solostimme“ des Sopranxylophons (Holzschlägel benutzen!) wird auf einem einzigen Ton, dem *g*, als dem gemeinsamen Ton der beiden Hauptstufen gespielt.

Für die Ausführung dieses Parts gibt es mehrere Möglichkeiten:

- Beide Hände wechseln sich ständig ab. Das ständige Abwechseln wird als „Hand-für-Hand“-Technik bezeichnet.
- Es wird eine der beiden folgenden Spielweisen ausgewählt:

Die hier angedeuteten und weitere „Handsatz“-Lösungen werden ab Seite 51 des Musizierbuches (S. 35 der Praxishilfe) näher erläutert. Der Begriff „Handsatz“ wurde analog zu „Fingersatz“ gebildet. Der Handsatz gibt an, welche Hand bei der Ausführung einer Spielstimme zugeordnet wird.

Rhythmische Variationen der Solostimme können das „Tanzstück“ bereichern. Einige Beispiele dazu:

In der Begleitstimme des Baßxylophons übernimmt die linke Hand das *c*, die rechte Hand das *g*.

Das Baßxylophon spielt eine Stimme, die der Originalkomposition hinzugefügt wurde. Hier wird die Intention dieses Schulwerkstückes – nämlich das Heranführen an Tonika und Dominante und der allmählich bewußte Umgang mit den Hauptstufen – angedeutet. Im vorliegenden Unterrichtsmaterial wurde dieser Lernschritt zwar als verbindliches Thema ausgeklammert, was aber nicht ausschließen soll, daß es in einzelnen Gruppen zum Lerninhalt gemacht werden kann (vielleicht im Rahmen einer Wiederholung zu einem späteren Zeitpunkt).

Pauken können das Baßxylophon ersetzen und damit die Gelegenheit geben, den Baßschlüssel, der für die Notation von Paukenstimmen benötigt wird, zu erklären[5]. Ein genaues Hinhören, wann welcher Paukenton „paßt", ist hier der vorgegebenen und notierten Stimme unbedingt vorzuziehen.

Der Tonumfang der Pauken läßt auch Varianten der begleitenden „Paukenbässe" zu[6]:

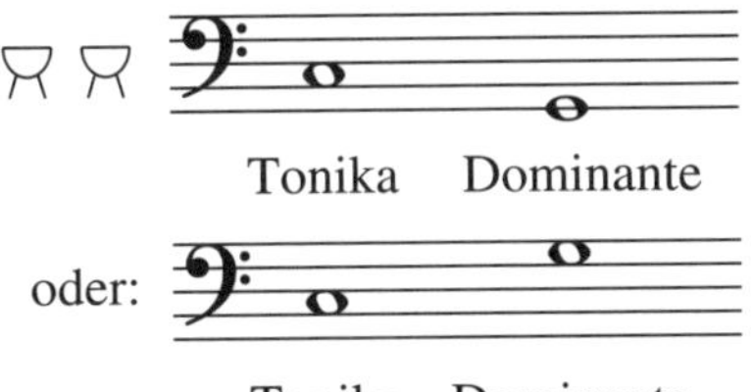

An die Stelle des SX-Solos kann die Flötenmelodie[7] in diesem Tanzstück treten; es wird die Aufgabe des Lehrers sein, sie zu spielen. (Gegebenenfalls können auch Violine und Glockenspiel diese Stimme übernehmen.) Die Flötenmelodie ist doppelt so lang wie ein Xylophonsolo. Die Begleitinstrumente müssen darauf achten.

Improvisierte, gesungene Melodien können als weitere Elemente hinzukommen und dem „Tanzstück" neue Farben verleihen:

- Erst singen alle Kinder gleichzeitig zur Stabspielbegleitung,
- dann versucht es jedes Kind einmal alleine.

5 Im Musizierbuch wird der Baßschlüssel in den Partituren zu „Carillon de Vendôme" auf S. 40/41 und im „Elefantenlied" auf Seite 48/49 verwendet, jedoch nicht weiter thematisiert.

6 Informationen zur Benutzung und zum Stimmen der Pauken finden sich in der Bilddokumentation im Anhang der Praxishilfe.

7 Melodie: aus der Schallplatteneinspielung „Musica Poetica, Orff-Schulwerk" LP 3 Nr.5 „Rondo" harmonia mundi 1c 153/99/887.

Trefffübungen — MB S. 24

In diesen rein spieltechnischen Übungen gilt es, mit beiden Händen gleichzeitig, dann aber auch abwechselnd, ganz bestimmte Töne genau zu treffen.

Im Musizierbuch wird darauf aufmerksam gemacht, daß das Tempo solcher Übungen erst nach und nach gesteigert werden soll. Obwohl das Wetteifern – „Wer kann es noch schneller?“ – bei solchen Aufgabenstellungen für die Kinder sicher eine große Rolle spielt, geht es in erster Linie um das präzise und genaue Ausführen der Übungen.

Die Kinder sollen auf jeden Fall einzeln spielen, damit der Lehrer ihnen entsprechende Korrekturhilfen geben kann. Als Variante bietet sich das Spiel im Unisono an.

Verwendet werden alle Töne:

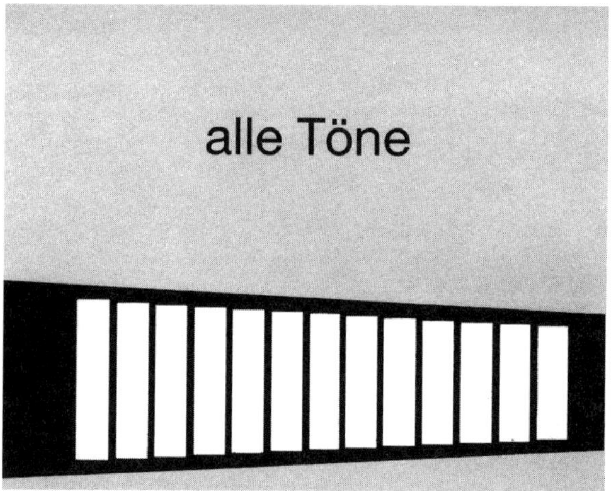

Anmerkungen:

- Die Übungen sind in der „Handsatz-Notation“ aufgeschrieben, d.h. die Notenhälse zeigen, welche Hand welche Töne zu spielen hat.
- Die Klangstäbe sollen möglichst genau in der Mitte angeschlagen werden.
- Das wirklich gleichzeitige Anschlagen in der ersten Übung ist ein wichtiges Ziel.
- Aus klanglichen Gründen eignen sich Xylophone am besten für diese technischen Übungen.

Stück mit Pausen – Stück ohne Pausen **MB S. 25**

In diesen beiden Kompositionen sollen die in den „Treffübungen" erworbenen Fertigkeiten musizierend angewendet werden.

Es handelt sich um Solostücke, bei denen nicht alle auf dem Instrument vorhandenen Töne gebraucht werden. Nicht benötigte Stäbe werden entfernt. Das „Stück mit Pausen" ist in „Handsatz-Notation" dargestellt. Hier ist der bewußte Umgang mit der Viertelpause 𝄽 zentrales Thema. Das „Stück ohne Pausen" wird „Hand-für-Hand" gespielt. Eine Ausnahme bildet nur der letzte Takt.

Das Erlernen dieser beiden Spielstücke in der Gruppe wird über verschiedene „Stationen" erfolgen. Der Lehrer kann dabei auf bereits praktizierte Methoden zurückgreifen:

- Das Notenbild bietet einen ersten Ansatzpunkt: Gibt es Ähnlichkeiten oder Übereinstimmungen mit den „Treffübungen"?
- Das „Stück mit Pausen" kann als kleine rhythmische Studie vorbereitet werden: Wir klatschen den Rhythmus der Oberstimme. „Psst!" flüstern wir in den Pausen.
- Über das Instrument des Lehrers – hier kann wieder das „Spiegelbildspiel" zur Anwendung kommen, werden erst kleinere Abschnitte vermittelt und von den Kindern geübt. Die häufige Wiederholung einzelner Motive und das Kombinieren der bereits erlernten Takte führen bald zum kompletten Stück.

Nachdem diese Übeschritte in der Gruppe gemeinsam vollzogen worden sind, muß den Kindern Gelegenheit gegeben werden, für sich alleine zu üben. Der Lehrer sollte den Kindern Hilfestellung anbieten und sich Zeit für Einzelkorrekturen nehmen. Für Kinder, die ein Instrument zu Hause haben, stellen sich hier erste „Hausaufgaben".

Schnurriburribuh – da fliegt 'ne gelbe Kuh — MB S. 26/27

Die Kinder sollen in ihrem Buch die Kuh farbig ausmalen.

„Schnurriburribuh – da fliegt 'ne gelbe Kuh" ist ein lustiges Lied, zu dem noch viele weitere Strophen erfunden werden können. Einige Anregungen werden im Musizierbuch gegeben.

Die Begleitstimmen sind so komponiert, daß sie vor allem im Zusammenspiel aller drei Instrumente gut klingen. Als Vorspiel zu den einzelnen Strophen können die ersten Takte der Liedbegleitung verwendet werden.

Da jedes Stabspiel andere Klangstäbe braucht, wurde hier auf das sonst abgebildete Kästchen „Diese Töne brauchen wir" verzichtet. Es ist sicher für die Kinder nicht zu schwer, die erforderlichen Stäbe selbst auszuwählen. Wenn allerdings so wenige Klangstäbe gebraucht werden wie bei diesem Stück in den Stimmen des zweiten Alt- oder des Baßxylophons, sollen nicht alle anderen Stäbe entfernt werden, da dies die Klangqualität der Instrumente sehr nachteilig beeinflußt.

Tip: Nicht benötigte Stäbe werden umgedreht auf das Instrument gelegt.

Anmerkung: In diesem Lied findet sich erstmals ein Vorzeichen, das *b*. Vorzeichen werden im Musizierbuch erst ab Seite 62 thematisiert und bewußt in das Unterrichtsmaterial einbezogen. Aus diesem Grund muß hier nicht unbedingt auf dieses Thema eingegangen werden. Sollten die Kinder dieses Zeichen jedoch entdecken und Fragen stellen, so ist es sicherlich nötig, eine entsprechende kurze Erklärung zu geben, z. B.: *In dieser Melodie steht nach dem Violinschlüssel ein Vorzeichen. Wenn du das Stück auf dem Stabspiel spielen möchtest, mußt du den Klangstab* h *gegen ein* b *austauschen.*

Noch mehr Treffübungen MB S. 28

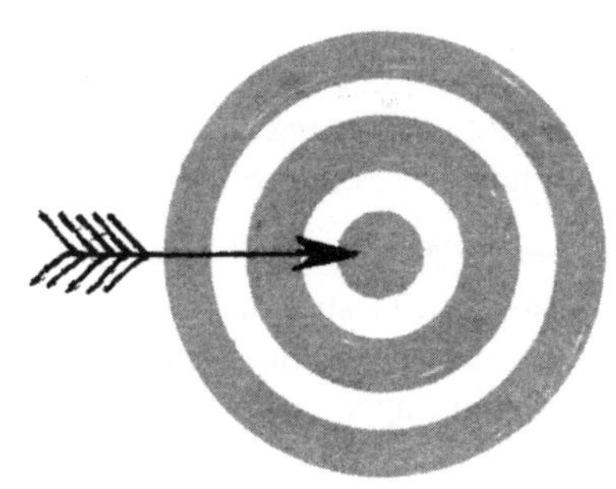

Diese kleinen technischen Studien für Xylophone werden analog zu den Treffübungen auf Seite 24 des Musizierbuches erarbeitet. Hinweise dazu finden sich auf Seite 20 der Praxishilfe.

Auch hier soll auf das gleichzeitige Anschlagen von zwei Tönen besonders geachtet werden.

Eine Spielvariante: Wir spielen die Töne der rechten und der linken Hand abwechselnd.

Großmutter strickt – Die Uhr spinnt MB S. 29

Der Solist kann nun auf seinem Altxylophon die in den vorhergehenden „Treffübungen“ erworbenen technischen Fertigkeiten in zwei Spielstücken anwenden. Der Lehrer begleitet auf dem Baßxylophon.

In beiden Stücken gibt es keinerlei Hinweise auf die dynamische Gestaltung. Die Kinder sollen hier selbst Lösungen finden und dynamische Zeichen in die Partituren eintragen.

Großmutter strickt

Das Tempo des ersten Spielstückes kann sehr unterschiedlich sein: *Manche Großmütter lassen sich viel Zeit beim Stricken, andere wiederum sind dabei sehr flink!*

Die Uhr spinnt

Jeder Solist muß mit seinem Begleiter verabreden, wie oft die farbig unterlegten Takte wiederholt werden sollen.

Manchmal funktioniert unsere Uhr längere Zeit zuverlässig, dann wieder beginnt sie nach ganz wenigen Takten zu „spinnen“. Ist es eine große Uhr, die langsam tickt, oder eine kleine schnelle Taschenuhr, die solche „Schwierigkeiten“ macht?

Anmerkung: Im zweiten Stück spielt der Solist auf nur drei Klangstäben. Auf keinen Fall sollen alle anderen Klangstäbe vom Instrument genommen werden. Eine Orientierungshilfe für den Spieler: Die beiden Klangstäbe, die die Skala oben und unten begrenzen (hier: *f'* und *e''*), können entfernt oder umgedreht werden.

Zweimal rechts – und einmal links
Zweimal links – und einmal rechts

MB S. 30

Das gleichzeitige Spielen von Achtelnoten mit der einen Hand und Viertelnoten mit der anderen Hand erfordert bereits einige Geschicklichkeit und soll hier geübt werden.

Vorübungen

Als Vorübungen eignen sich wieder verschiedene Spiegelbild-Spiele mit Klanggesten. (Der Lehrer sitzt den Kindern gegenüber.)

Der Lehrer patscht Achtelnoten mit der einen Hand und Viertelnoten mit der anderen Hand. – Dann wird überraschend gewechselt. Können alle Kinder mithalten?

Achtung: Es empfiehlt sich, kein zu rasches Tempo zu wählen! (♩ = ca. 72)

Eine Spielvariante besteht darin zu vereinbaren, daß dieser Wechsel nach acht Viertelnoten bzw. nach vier Viertelnoten, vielleicht sogar schon nach zwei Viertelnoten stattfinden soll.

Kleine Texte helfen, die Phrasenlängen zu spüren und das bloße Zählen zu verhindern:

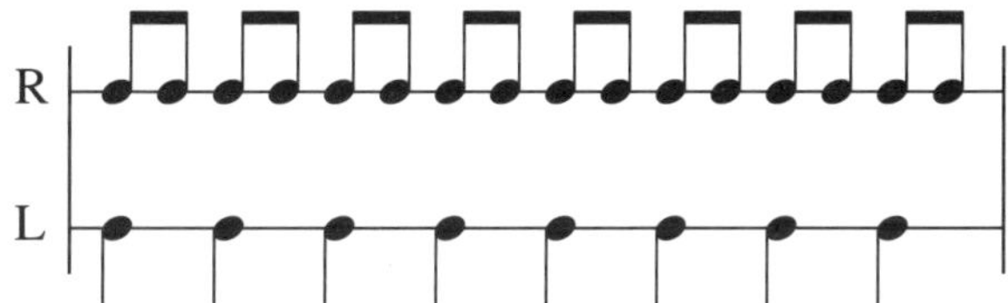

Hokuspokus, Kokosnuß, Hexenzwirn und Löwenfuß!

Aus einem Auszählreim von Janosch. © Georg Bitter Verlag, Recklinghausen 1969 (vgl. auch „Musik und Tanz für Kinder", LK/MGA, Seite 241ff., „Spiel mit Rhythmen")

Wer erfindet einen Text, bei dem wir schon nach vier oder zwei Viertelnoten in einer Hand wechseln?

Anmerkung: Derartige Übungen sollen in einer entspannten, heiteren Atmosphäre ablaufen. Immer wieder sind Arme, Schultern und der ganze Körper zu lockern!

Es regnet in der Dämmerung — MB S. 31

„Es regnet in der Dämmerung“ ist ein Vortragsstück für einen Spieler. Es kann an Ausdruck noch gewinnen, wenn die mit Achtelnoten begleitende Hand jeweils etwas leiser spielt als die andere Hand. Dies stellt allerdings bereits sehr hohe Anforderungen an den Spieler.

Anmerkung: Auch wenn die Kinder die vorangehenden kleinen Studien vielleicht in recht schnellen Tempi ausgeführt haben und das Notenbild der „Regenmusik“ ein wenig an diese Übungen mit Viertel- und Achtelnoten erinnert, darf es kein „Tempostück“ werden. Tempovorschlag: ♩ = ca. 80 bis max. 92

Als neues Dynamikzeichen wird *mf* (mezzoforte) eingeführt.

Eine Tonleiter-Übung und eine Leitergeschichte MB S. 32

Die hier notierten Tonleitern erstrecken sich über den gesamten Tonumfang des Instrumentes und werden „Hand-für-Hand“ ausgeführt. Im Musizierbuch ist bei beiden Übungen der Beginn mit der linken Hand vorgesehen; natürlich soll auch einmal die rechte Hand anfangen. Um ein Überkreuzen der Schlägel zu vermeiden, macht die Hand, die gerade einen Ton angeschlagen hat, der anderen Hand rasch Platz: *Die Schlägel weichen aus!*

Die Leitergeschichte soll das „Anwendemodell“ für die erworbenen Fertigkeiten sein.

Was treiben die beiden Mäuse da alles auf dem Klettergerüst mit den langen und kurzen, auf- und abführenden Leitern? Wie hört sich das an, wenn sie die lange Rutschbahn hinuntersausen? Krach! Nun ist auch noch etwas kaputtgegangen! – In dieser „Mäusejagd“ kann eine Maus versuchen, die andere zu fangen. Vielleicht gelingt es, wenn sie sich ganz leise anschleicht. – Nicht vergessen: Zwischendurch sollten sich die beiden auch mal einen Moment lang ausruhen!

Schnapp! Hat er'n g'habt — MB S. 33

Dieser Scherzreim aus Salzburg steht im ersten Band des Orff-Schulwerks „Musik für Kinder" (Seite 18). Unser Spiellied unterscheidet sich aber in Melodie und Begleitung etwas von der dort abgedruckten Version.

Neben den angegebenen Begleitmöglichkeiten passen auch die auf den Seiten 19 und 20 des Musizierbuches notierten Begleitostinati zu diesem Lied[8]. Es begleiten mehrere Instrumente gleichzeitig; auch Metallophone und Glockenspiele können mitspielen.

Das Xylophonglissando ist ein sehr wichtiges Solo in diesem Lied, das sicher jedes Kind einmal spielen möchte. Es paßt genau in die Pause von Takt 3, in welchem der Schneck „zuschnappt", und sollte mit der rechten Hand gespielt werden.

Tip: Die Stäbe *f* und *h* verkehrt auf das Instrument legen, damit der Spieler beim Glissando nicht hängenbleibt!

Das Glissando wird im Musizierbuch bewußt in der einfachsten Form – vom tiefsten bis zum höchsten Ton – angegeben. Geübtere Kinder können aber auch andere Möglichkeiten versuchen:

- Das Glissando (R) geht nur bis zum höchsten Melodieton:

- Der Schlußton des Glissandos (R) wird mit der linken Hand (L) angeschlagen. Es endet mit einem Akzent:

In jedem Fall kann aber ein Schlaginstrument (Schellentrommel, Schlaghölzer etc.) das „Zuschnappen" verklanglichen.

[8] In Band I des Orff-Schulwerks finden sich im Kapitel „Ostinatoübung für Stabspiele" (Seite 100ff.) noch viele weitere leichte bis schwierige Begleitmuster.

Andere Töne zum Begleiten

MB S. 34/35

Die Skala, die in diesem Kapitel verwendet wird, war auch das Tonmaterial aller bisher angebotenen pentatonischen Modelle (Musizierbuch S. 18–23).

Der Grundton der Skala, auf welcher die Begleitung basiert und mit der improvisiert werden soll, wechselt allerdings vom *do* zum *la*.

do (hier *c*)
Do-Pentatonik/Dur-Charakter

la (hier *a*)
La-Pentatonik/Moll-Charakter

Der Ton, mit dem die Melodie beginnt und mit dem sie beendet werden soll, ist das *la* bzw. *a*, je nachdem, ob im Unterricht mit den Möglichkeiten der relativen Solmisation gearbeitet wird oder ob grundsätzlich nur die absoluten Notennamen benutzt werden. Die begonnene Melodiestimme soll von den Kindern weitergeführt werden.

Über Spiegelbildübungen führt der Lehrer die Begleitung und den Anfang der Melodie ein. Motivwiederholungen oder nur leichte Abwandlungen des Motivs sollen dieses erste Melodiespiel möglichst einfach gestalten.

Nach und nach versuchen einzelne Kinder zur Begleitung durch die Gruppe

- singend eine kleine Melodie zu erfinden, wobei sie sich auch selbst weiterhin begleiten. (Gruppen, die mit relativer Solmisation arbeiten, werden diese Möglichkeit hier sicher anwenden[9]. Eine andere wichtige Spielform soll auch das singende Erzählen sein.)
- mit dem Lehrer abwechselnd – singend oder auf dem Stabspiel – Melodieteile zu erfinden („Frage-Antwort-Spiel"),
- die Stabspielmelodie, deren Anfang im Musizierbuch notiert ist – ohne zu stocken – improvisierend fortzusetzen.

Die Melodien, die die Kinder auf den Stabspielen erfinden, sind in ihrer Länge zunächst nicht begrenzt. Es sollte lediglich auf den vereinbarten Anfangs- und Schlußton geachtet werden. Im „Frage-Antwort-Spiel" kann dann versucht werden, auf bestimmte Längen hinzuarbeiten, wobei klar gegliederte, kurze Melodien des Lehrers als Vorbild dienen sollen. Wortreiche Erklärungen oder gar das Zählen von Takten sind zu vermeiden.

Für die Melodiestimme ist kein „Handsatz" angegeben. Die Kinder versuchen gemeinsam mit dem Lehrer Lösungen zu finden. Es ist darauf zu achten, daß die Melodie keinesfalls „einhändig" gespielt wird.

Die Begleitung ist klanglich auf Glockenspiele und Metallophone abgestimmt und soll zugleich eine kleine Einstimmung auf das Spiellied von Seite 36/37 im Musizierbuch sein.

[9] Zum Thema „Relative Solmisation und innere Tonvorstellung" siehe „Musik und Tanz für Kinder", LK/MGA Seite 105–141.

Wenn es zwölf geschlagen hat

MB S. 36/37

Die Geschichte vom Uhu, der um die Stadt fliegt, kann zu verschiedenen Spielformen und szenischen Gestaltungen anregen. Eine Spielidee ist im Musizierbuch angedeutet: *Uhu komm, rühr' mich an, daß ich spielen kann!* Abwechselnd stellen die Kinder den Uhu dar, und natürlich können hier Masken und Verkleidung verwendet werden. Bei jeder Liedwiederholung soll ein anderes Kind den Uhu zu sich rufen und ihm ein improvisiertes Solo vorspielen.

Die Begleitung des Liedes übernimmt zunächst ein Altmetallophon. Erst in der Wiederholung der Liedstrophe kommen Glockenspiel und Baßmetallophon hinzu. Ein spezielles Instrument (z.B. Triangel oder Becken) muß für die Turmuhr ausgewählt werden. Es ertönt vor Beginn des Liedes und könnte zwischen den Strophen die improvisierten Soli „einläuten". Die Stabspiele, aber auch andere Instrumente erfinden eine Begleitung für den „fliegenden Uhu".

Anmerkung: Da jedes Begleitinstrument andere Töne braucht, wurde auf das Kästchen „Diese Töne brauchen wir" hier verzichtet. – Das Lied hat im Original einen schweizerdeutschen Text, der im Musizierbuch abgedruckt ist.

Carillon de Vendôme **MB S. 38–41**

Das altfranzösische Kinderlied „Carillon de Vendôme" erzählt von der Musik der Glockenspiele (Carillons) und von den alten Kirchen der Städte Orléans, Beaugency, Cléry St. André und Vendôme. Glockenspiele erklingen von Kirchtürmen, Rathäusern und anderen Gebäuden bis heute – und dies vor allem in den Niederlanden, in Belgien und in Frankreich.

„Carillon de Vendôme" kann zu einer bunten Szenerie ausgestaltet werden: Zu der spieluhrähnlichen Musik sollen die Kinder, verkleidet als Narren, Ritter, Bauern, Trommler, Damen, Handwerker, Spielleute – oder was ihnen sonst noch alles einfallen mag –, passende Gruppierungen, Bewegungsmuster und -motive finden und ausführen.

Auf den Seiten 40 und 41 des Musizierbuches ist zu diesem Thema ein Lied- und Instrumentalsatz aus Band III des Orff-Schulwerks (Seite 22/23) abgedruckt.

Die Vorbereitung der Stabspielstimmen erfolgt in mehreren Schritten (Musizierbuch Seite 38):

Die Melodie des Liedes besteht aus nur vier Tönen:

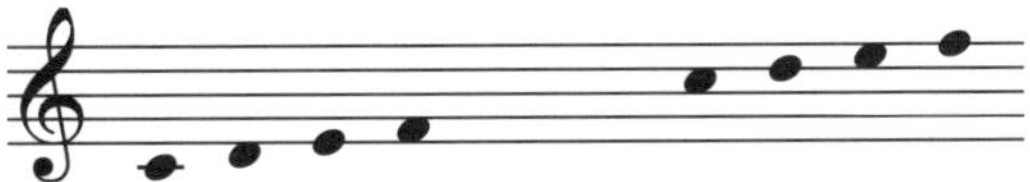

Aus diesen Tönen sind drei Melodiebausteine gestaltet. Sie sind in der Liedmelodie (Musizierbuch Seite 39) farbig unterlegt. *Kommen sie in der Melodie mehrfach vor?* – Die Kinder sollen versuchen, alle Bausteine in der Liedmelodie zu finden. Vielleicht entdecken sie dabei, daß im größten Baustein auch der kleinste enthalten ist.

Ein weiterer Ton ist nötig, um die Begleitstimmen üben zu können:

Auf gestimmten Weingläsern läßt sich der viertaktige Begleitostinato ebenfalls spielen. Hinweise und Anregungen dazu finden sich im Musizierbuch auf Seite 40/41.

Noch ein Ton kommt hinzu: Nun kann die Melodie auch mit dem Ton *f* begonnen werden.

Werden beide Melodien gleichzeitig gespielt, so erklingen – je nach der gewählten Lage – Terzen oder Sexten:

Die Partitur im Musizierbuch auf Seite 40/41 kann Anlaß zu einem Gespräch über das „Aufschreiben von Musik" sein. *Es ist eine richtige kleine Orchesterpartitur, wie sie zum Beispiel auf dem Pult eines Dirigenten liegt.*

Die in dieser Partitur notierte Kontrabaßstimme (Baßschlüssel/pizzicato) kann natürlich durch andere Baßinstrumente ersetzt werden. Es eignen sich Pauken (sehr leise gespielt), Baßklangstäbe, aber auch Baßmetallophon oder Baßxylophon.

Tip: Eltern musizieren mit!

Textübertragung von Hermann Marx[10]:

„Das Glockenspiel von Vendôme"

Orléans, Beaugency
Unsre Fraue von Cléry,
Vendôme, Vendôme.

Oh dies Grämen, oh dies Quälen,
So die ganze Nacht durch zählen
Die Stunden, die Stunden

[10] C. Orff/G. Keetman, „Orff-Schulwerk, Musik für Kinder" Bd. III, „Hinweise und Anmerkungen" Nr. 6

Spiele mit der „Schlägelschere“ MB S. 42/43

Hier soll die Klangqualität der Xylophonstäbe an verschiedenen Anschlagstellen erprobt werden.

Die Kinder
- schlagen die Klangstäbe in der Mitte an,
- wandern während des Spielens mit dem Schlägelkopf zum Haltestift hin und
- spielen die Stäbe ganz außen am Rand.

Am Rand ist der Klang beinahe so gut wie in der Mitte des Xylophonstabes. Beim Spielen mit der „Schlägelschere“ – einer einfachen Tremolotechnik – soll dies genutzt werden. Wie auf dem Foto im Musizierbuch (Seite 42) zu sehen ist, hat der Spieler dazu zwei Schlägel in einer Hand und spielt auf den ihm zugewandten Enden der Xylophonstäbe.

Das Melodiespiel mit dieser Technik ähnelt klanglich einer Balalaika. Folgende nicht ganz leicht auszuführende Melodie könnte ein Vorspielstück für den Lehrer sein:

Dieses Kapitel möchte vor allem auch zu Klangspielen mit Clustern (Cluster = „Tontraube“) anregen, die auch in den folgenden Klanggeschichten und Gedichten zur Anwendung kommen können.

Der „Tausendfüßler-Cluster“ (Musizierbuch Seite 42) soll zu einem Klangspiel mit dieser neuen Spieltechnik animieren. Natürlich kann ein Spieler (mit einem Schlägelpaar in der linken und einem weiteren in der rechten Hand) auch zwei Tremolotöne gleichzeitig übernehmen.

Die Eidechse	**MB S. 43**
Nächtliches und Träumerisches	**MB S. 44/45**

Die Eidechsengeschichte und die Klanggedichte „Nächtliches und Träumerisches" sind für Stabspiele, Stimmen, andere Musikinstrumente und die ganze Fantasie der Kinder gedacht.

Die Eidechse

Welches Kind hat schon einmal eine kleine Eidechse beobachtet? Ganz rasch bewegt sie sich von einem schützenden Versteck zum anderen. Dann ist sie für einen Moment ganz regungslos und beinahe nicht zu entdecken ...

Ein kleines Bewegungsspiel, bei dem der Lehrer auf seinem Instrument „viele kleine Eidechsen" begleitet, kann in die Geschichte einführen. Pausiert das Instrument, so dürfen sich auch die „Eidechsen" nicht bewegen. Ein Kind kann die Bewegungsbegleitung übernehmen.

Etwas ganz Besonderes müssen wir uns in unserer Geschichte natürlich für den Augenblick ausdenken, wo die Eidechse ihre Zunge herausstreckt und – „schnapp" – eine Fliege fängt!

Nächtliches und Träumerisches

Eine Maus, die vom Speck träumt (– ein Traum, der vielleicht als kleine Melodie „vorbeihuscht"?), eine rasend schnelle Schnecke (die sicher vor lauter Eile stolpern wird), eine Eule, eine Biene und ganz besonders faule, große „Wassertiere" sind die Darsteller in den vier Klanggedichten.

Zunächst werden die Rollen unter den Kindern verteilt. Im Gespräch versuchen Lehrer und Kinder die passenden Instrumente für die einzelnen Tiere zu finden. Dann werden Lösungen erprobt für:

- „die kleine Traummelodie" (vielleicht wird der Maus auch ein ganz weiches „Klangkissen" bereitet, auf dem sie ihren Traum träumen kann?),
- „die schnelle Stolperschnecke",
- „den großen Regen", den sich das Flußpferd wünscht, und
- für alle anderen Ideen, die beim Betrachten der Bilder und beim Lesen der Gedichte entstehen.

Die Kinder können die Geschichten mit den Klängen der Schlägelschere „erzählen", den Erzähler begleiten und viele andere Spieltechniken und Möglichkeiten anwenden, die ihnen im Laufe der Arbeit mit dem Musizierbuch begegnet sind. Falls ein Klavier im Unterrichtsraum vorhanden ist, sollte man die Gelegenheit nutzen und das Instrument öffnen, um auch auf den Klaviersaiten mit verschiedenen Schlägeln zu spielen, den Klang zu erkunden und ins Spiel einzubeziehen.

„Kunststücke“ mit drei Schlägeln
Ein Elefant wollt' bummeln geh'n

MB S. 46/47
MB S. 48/49

„Kunststücke“ mit drei Schlägeln

Mit zwei Schlägeln in der rechten und einem Schlägel in der linken Hand wird die Begleitung für das Lied „Ein Elefant wollt' bummeln geh'n“ vorbereitet. Wie die Schlägel zu halten sind, zeigt das Foto im Musizierbuch.

Stell dir vor, da geht ein Elefant spazieren ..., aber nicht zu schnell!!! Dann bleibt er stehen und schaut sich um ... (Die Fermate im Vorspiel ist den Kindern als „Haltestelle“ sicher noch in Erinnerung.) – *Und dann marschiert er mitten hinein in unser nächstes Lied ...*

Tempovorschlag für diese Begleitung: ♩ = ca. 100

Ein Elefant wollt' bummeln geh'n

Für die Begleitung dieses Liedes werden viele verschiedene Instrumentalstimmen angeboten. Zum ersten Mal sind in der Partitur weitere Schlaginstrumente notiert, deren Handhabung den Kindern gegebenenfalls erklärt werden muß (siehe Bilddokumentation im Anhang).

Der dreistimmige Vokalsatz im B-Teil des Liedes – man glaubt hier beinahe eine ganze Elefantenherde „trompeten“ zu hören – ist nicht ganz leicht zu singen. Eine Alternative besteht darin, die erste Stimme zu singen und die zwei Unterstimmen auf Metallophonen oder Metallophon-Klangbausteinen spielen zu lassen.

Vorschläge zur musikalischen Gestaltung und zum Ablauf des Liedes, die mit den Kindern besprochen und umgesetzt werden sollen, finden sich im Musizierbuch auf Seite 47.

Vier kleine Kanons — MB S. 50–53

Beim Kanonspiel auf Instrumenten ist es wichtig, den Partner gut zu hören und mit ihm zu musizieren.

Die vier Kanons benutzen die gleiche Skala (Do-Pentatonik). Nicht benötigte Klangstäbe werden entfernt.

Kanon 1

Im Notenbild erkennt man das Prinzip des Einsetzens (1./2.) und die Fermate als Zeichen für den Schluß. Eine ostinate Begleitung ist möglich.

Kanon 2

Hier wird der Begriff „Handsatz“ bewußtgemacht. Die Kinder sollen ab jetzt genau auf Hinweise zum „Handsatz“ achten. – Auch dieser Kanon weist eine einfache Begleitstimme auf. Sie soll auf einem Sopranmetallophon ausgeführt werden. Die Kanonstimmen sind ausgeschrieben, weil sich die AX-Stimme am Schluß von der SX-Stimme etwas unterscheidet.

Kanon 3

„Andante“ – Den Handsatz müssen die Spieler nun selbst finden und in das Notenbild eintragen. Dieser Kanon soll auf Metallophonen und Glockenspiel musiziert werden. Vielleicht kann der Lehrer eine Stimme auf der Blockflöte spielen.

Kanon 4

Hier gibt es ein besonderes Glissando zu spielen. Der Anfangs- und Schlußton sind mit Akzent anzuschlagen. (Für geübtere Kinder gab es eine ähnliche Aufgabe schon beim „Schneiderlied“ auf Seite 33 des Musizierbuches. Dort war das Glissando mit einem Akzent auf dem Schlußton zu beenden.)

Das Glissando wird in drei Übebausteinen, die im Musizierbuch näher erläutert sind, erarbeitet.

Die Stabspiele haben Pause – Ein kleines Rondo „nur für die anderen Schlaginstrumente“ MB S. 54/55

In den vorangegangenen Stücken haben neben den Stabspielen andere Schlaginstrumente des öfteren mitgewirkt. In diesem kleinen Rondo werden sie nun einmal ausschließlich eingesetzt.

Ein Rondo weist einen Teil auf, der unverändert immer wiederkehrt (Refrain). In unserem Rondo erklingen dazwischen Soli verschiedener Schlaginstrumente (Zwischenteile)[11].

Den Refrain, der auch am Beginn und Ende des Rondos stehen soll, spielen alle fünf angegebenen Schlaginstrumente.

In der ersten Schlagzeugstimme wechseln sich die kleine Trommel und die Holzblocktrommel bei der Wiederholung ab. Für jeden Zwischenteil steht im Musizierbuch eine Empfehlung, wie man das Solo beginnen kann und welche Schlägel benutzt werden sollen.

Anmerkung: Die angegebenen Instrumente können durch andere ersetzt werden. Es ist aber darauf zu achten, daß die Stimmen des Refrains auf diesen Instrumenten spielbar sind. Dem Refrain können weitere Stimmen hinzugefügt werden, wenn dies die Größe der Kindergruppe erfordert. Dann ist es aber sinnvoll, den Kindern eine neue, ergänzte Partitur zu schreiben. Der Refrain ist die technische und rhythmische Vorbereitung auf die Schlagzeugstimmen des Liedes „Zack-Zerack, der Räubersmann“.

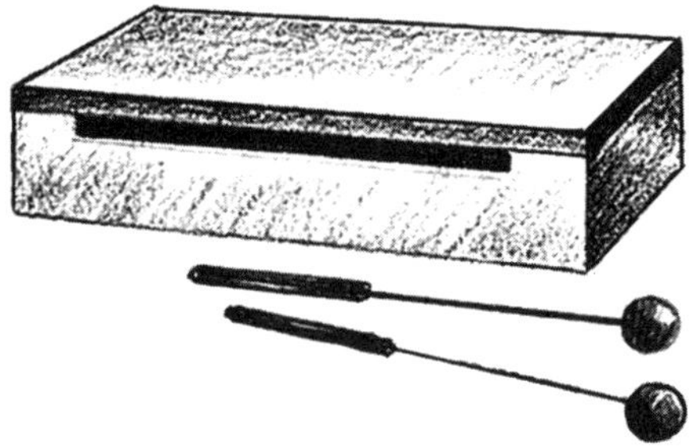

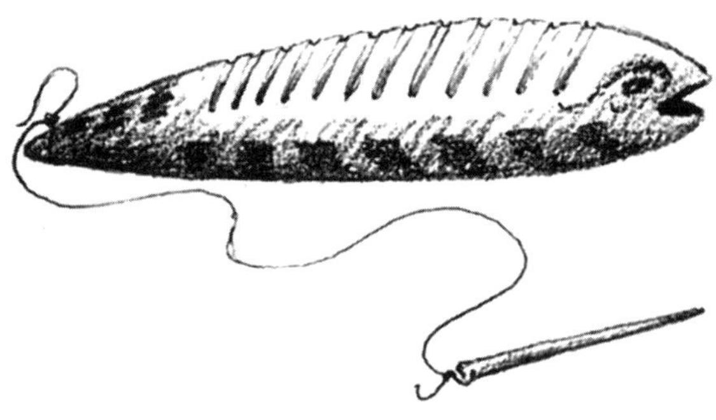

[11] Refrain = Ritornell; Zwischenteil = Couplet

Zack-Zerack, der Räubersmann — MB S. 56–59

„Zack-Zerack, der Räubersmann“ ist ein Spiellied, das zu einem kleinen Theaterstück ausgebaut werden kann.

Die Kulisse besteht in erster Linie aus einem großen Baum, den der Lehrer gemeinsam mit den Kindern aus Kisten, Besen, Ästen und anderen Dingen bauen kann. Hinter dieser Kulisse rumoren und lärmen, rascheln und knistern, klingeln und rasseln die Kinder mit verschiedenen Klangerzeugern.

Bei jeder Liedstrophe versteckt sich ein anderes Kind hinter dem Baum und spielt nach der Frage „Woll'n wir mal dahinter schau'n?“ sein Räubersolo.

Dem Räuber kann man natürlich die verschiedensten Namen geben. Wie wär's mit Rummelpotz – Krächzeviel – Messerwetz – Schnarchelaut? Gibt es noch andere Vorschläge?

Die Schlagzeugstimmen werden größtenteils im Rondo (Seite 54/55) vorbereitet. Technisch etwas schwieriger ist nur die Stimme der kleinen Trommel (mit Schnarrsaiten). Eine Handsatz-Empfehlung dazu:

Tempovorschlag: ♩ = ca. 108

Anmerkung: Das Altxylophon wird, wie in den „Kunststücken“ und im „Elefantenlied“ (Musizierbuch Seite 46–49), mit drei Schlägeln gespielt. Nun müssen zwischen den beiden Schlägelstielen in der rechten Hand zwei Finger (Zeigefinger und Mittelfinger) liegen, um die weit entfernten Begleittöne *a–d* zu treffen. Der Schlägel der linken Hand wandert auf den Tönen *d, e, f* hin und her.

Zack-Zerack, der Räubersmann

Text und Musik: Hermann Urabl

10
Instr. ad lib.
f p
Räu - ber hier!
Bums! Da kracht es hin - ter'm Baum!
Woll'n wir mal da -
I
WW

18
- hin - ter schau'n?
Räuber-Solo
a tempo
Hi - hi - hi!
Hi - hi - hi!
War das nun ein wil-des Tier?

25
laut!
Ho - ho - ho! Ho - ho - ho!
Zack-Zerack, der Räubersmann!
O - der war ein Räu - ber hier?
Nun fängt das Spiel von vor - ne an!
Schluß: Jetzt war der letz - te Räu - ber dran!
WW
D. C.

Was Zack-Zerack und seine beiden Brüder im Wald erlebten

MB S. 60/61

Zack-Zerack und seine beiden Brüder Zack und Zack-Zerack-Zeromini erleben in dieser Geschichte von Hanna und Rolf Hanisch weitere Abenteuer im Wald. Es handelt sich also um eine Fortsetzung der ersten Räubergeschichte. Diesmal wird ein Erzähler von Stabspielen, Stimmen und anderen Instrumenten begleitet. Die Instrumente sollen die Geschichte an möglichst vielen Stellen mit Klängen und Geräuschen illustrieren.

Beim ersten Versuch können die Kinder spontan mit der Stimme und bereitliegenden Instrumenten begleiten. In einer Nachbesprechung wird versucht, diese Begleitung zu differenzieren:

- *Welche Instrumente eignen sich besonders gut an welcher Stelle?*
- *Was spielen sie?*

Wir können uns im Kinderbuch unsere Einsätze vermerken!

Ein paar Töne zuviel? – Töne haben „Verwandte“ MB S. 62/63

Die diatonischen Stabspiele sind normalerweise mit einigen „Halbtonstäben“ ausgestattet, die ein Wechseln in andere Tonarten erlauben. Von dieser Möglichkeit sollte man vor allem beim Singen und Begleiten von Liedern Gebrauch machen und Tonarten wählen, die für die Kinderstimme geeignet sind. Bisher war die Begleitung bei den Liedern so konzipiert, daß „Halbtonstäbe“ nicht benötigt wurden.

In diesem Kapitel sollen den Kindern vor allem die Tonhöhenbeziehungen der Stammtöne zu ihren „Verwandten“ bewußtgemacht werden. Im Vordergrund steht die Beschäftigung mit den Tönen *f/fis* und *h/b*, da diese „Halbtonstäbe“ meist zur Standardbestückung der Stabspiele gehören.

Die Melodie auf Seite 63 im Musizierbuch erinnert an das Lied von der „gelben Kuh“. Jetzt kann die Liedmelodie auch auf dem Stabspiel gespielt werden, indem der Klangstab *h* durch das *b* ersetzt wird. Die Kinder sollen aber auch ausprobieren, wie das Stück mit *h* klingt.

Tip: Auch die Lieder des „Lieder-Rätsel-Rate-Spieles“ (Musizierbuch Seite 16/17) können mit anderen Tönen begonnen werden, wenn man „die neuen Töne“ mitverwendet. Ausprobieren!

Eine ganz und gar ungewöhnliche Tonreihe (Musizierbuch Seite 63) soll dazu anregen, mit diesen Tönen eine „Ziegenbock-Melodie“ zu erfinden. Vielleicht kann diese Melodie auch begleitet werden.

Die Kästchen „Diese Töne brauchen wir“ bieten Platz, weitere Tonreihen „zu bauen“ und darauf Melodien zu erfinden, die natürlich einen passenden Titel bekommen sollen.

Musizierstücke für verschiedene Besetzungen — MB S. 64 – 71

Sieben kleine Ensemblestücke sollen dazu dienen, die inzwischen erworbenen technischen Fertigkeiten und musikalischen Erfahrungen anzuwenden. In den ersten fünf Kompositionen spielen wieder neue Tonreihen, in denen zum Teil *fis* und *b* gemeinsam vorkommen, eine wichtige Rolle.

Der Leierkastenmann (MB S. 64)

Das Tremolo am Ende der Melodiestimme kann nun nicht mehr mit der Technik der Schlägelschere ausgeführt werden. Mit beiden Schlägeln abwechselnd wird das *d* – in der Mitte des Klangstabes – rasch angeschlagen.

Vorübung:

Die Schlägelköpfe „springen" immer schneller abwechselnd auf einem gleichbleibenden Ton. Jedes Kind wählt sich seinen Ton. Es sollen auch viele verschiedene Töne zugleich erklingen.

Achtung: Das Tempo darf nicht so weit gesteigert werden, daß sich die Kinder im Spiel verkrampfen und die Tonketten holprig und stolpernd klingen!

Die Begleitstimmen zu diesem Spielstück können durch weitere Instrumente ergänzt werden.

Der kleine, blaue Schmetterling (MB S. 65)

Dieses Spielstück ist für Glockenspiele und Metallophone komponiert. Wenn es als Rondo ausgeführt werden soll, wechseln improvisierte Zwischenteile mit dem Refrain ab. Die Länge der Zwischenteile muß nicht begrenzt werden. Wenn diese jedoch ebensolang wie der Refrain sein sollen, ist es hilfreich, die Improvisationen durch eine der Begleitstimmen des Refrains zu unterstützen.

Der Zeichner des Musizierbuches hat dem kleinen Schmetterling seine Farbe nicht „mitgegeben". Das soll von den Kindern nun nachgeholt werden.

Der Holzwurmtanz (MB S. 66/67)

Das Stück kann mit etwas Übung ein „rasantes" Vorspielstück werden. Nur das Sopranxylophon braucht die gesamte Tonreihe, die sich über das ganze Instrument erstreckt. Das Reco-Reco spielt den „Holzwurm".

Anmerkung: Hinweise zur Spieltechnik des Reco-Recos finden sich im Musizierbuch auf Seite 54/55 und im Anhang der Praxishilfe auf Seite 54.

Der Stolperer (MB S. 66/67)

Die Klavierbegleitung, die so einfach ist, daß sogar Lehrer, die keine Klavierspieler sind, sie spielen können, „stolpert" an manchen Stellen für kurze Zeit in eine andere Taktart. Auch in der improvisierten Xylophonmelodie soll man das „Stolpern" hören können. Es ist allerdings nicht ganz einfach zu erreichen, daß dies immer mit dem Klavier gemeinsam gelingt.

Anmerkung: Das begleitete Improvisationsmodell soll auf keinen Fall dazu dienen, die Kinder auf Taktwechsel zu drillen. Wichtig ist das spontane Reagieren auf diese ungewohnte Situation, weshalb es dem Lehrer überlassen bleibt, die Taktwechsel auch ganz plötzlich an eine andere Stelle zu setzen.

Aus Bulgarien (MB S. 68/69)

Die Tonskala für dieses Stück erfordert zwei zusätzliche „Halbtonstäbe", die vermutlich nur bei chromatischen Instrumenten zur Verfügung stehen: *as* und *es* (*es* kommt nur in der Glockenspielstimme vor).

Für die Melodiestimme kann der Lehrer auch eine Blockflöte, eine Querflöte oder eine Violine einsetzen. Die Stimme des Sopranglockenspiels eignet sich auch für Klangbausteine. Ein chromatischer Satz dieser Klangbausteine bietet auch die beiden neuen Töne *as* und *es*.

Das Tremolo des Baßxylophons wird in der „Scherentechnik" ausgeführt. Eine andere Möglichkeit ist die Verwendung eines tiefen Streichinstrumentes, auf dem ein Kind eine leere Saite mit dem Bogen zum Klingen bringt.

Polka und Walzer (S. 70/71)

Xylophone werden auch in manchen Bereichen der alpenländischen Volksmusik noch verwendet. Die dort gespielten Instrumente unterscheiden sich in ihrer Bauart von den Schulwerk-Instrumenten und werden im allgemeinen mit löffelähnlichen Holzschlägeln gespielt. Früher einmal wurden sie „Hülzern Glachter" genannt, wobei dieser Name nichts mit „Gelächter" zu tun hat, sondern vom Wort „Klachel" (= Klöppel/Schlägel) abstammt.

Die beiden Tänze – eine Polka und ein Walzer – sind mit Schlaginstrumenten zu begleiten und runden das Musizierangebot dieses Kapitels ab.

Die Kinder sollen die erforderlichen Töne selbst in die dafür vorgesehenen Kästchen eintragen. Als letzter neuer musikalischer Begriff wird „Da Capo al Fine" eingeführt.

Rabulan, der Riese — MB S. 72 – 77

Der Riese „Rabulan“ ist den Kinder der Grundausbildung vielleicht schon aus dem Liederheft „Wenn ich richtig fröhlich bin“ (Schott ED 7788) bekannt.

Ein gesprochenes, szenisches Vorspiel, zu welchem die Bilder und Textzitate auf den Seiten 72 und 73 des Musizierbuches Anregungen geben, soll diesem Lied, das für viele Sänger und Musiker konzipiert ist, vorangestellt werden und darauf einstimmen:
Ferdinand und Lieschen rufen nach dem Riesen Rabulan. Ihnen, aber auch der mächtigen Stimme von Rabulan, antwortet das Echo. Das klingt natürlich sehr unterschiedlich!
In einem Sprechkanon wird den Zuhörern erzählt, was so ein Riese alles verschlingen kann.

Im B-Teil des Liedes sind die Schlaginstrumente jeweils einer der Kanonstimmen zugeordnet. Das Zusammenspiel wird dadurch erleichtert, daß die Musiker bei ihrer Chorgruppe stehen.

Wenn es die Zahl der Spieler erlaubt, kann die Begleitung des B-Teils durch die auf Seite 76 des Musizierbuches angebotenen Stimmen erweitert werden. Sie können auf Stabspielen ausgeführt werden, aber auch ein Klavier eignet sich gut dazu. Die Pauken können die Baßstimme übernehmen; vielleicht gibt es in der Schule aber auch einen Kontrabaß.

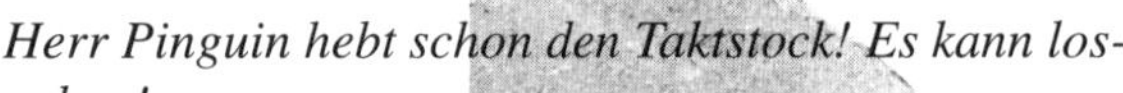

Herr Pinguin hebt schon den Taktstock! Es kann losgehen!

Anhang

Instrumentenkunde – Kleines Schlagwerk, Fell- und Effektinstrumente

Kleines Schlagwerk

Hierzu zählen vor allem Schlaghölzer (Schlagstäbe, Claves), Holzblock- und Röhren(holz)trommel, Handtrommel und Schellentrommel, andere Instrumente mit Schellen oder Glöckchen, (Finger-)Cymbeln, Becken, Triangel und Kugelrasseln.

Schlaghölzer (Schlagstäbe, Claves) haben keinen Resonanzkörper und werden gegeneinander geschlagen.

Die Kinder nehmen die Schlaghölzer zuerst einmal „ganz normal" in die Hand (besonders dann, wenn sie sich beim Spiel fortbewegen).

Sie sollen aber auch jene Spieltechnik kennenlernen, durch die das Instrument seinen Klang besser entfaltet: Eine Hand bildet einen Hohlraum (= Resonanzraum) für den Stab, der angeschlagen werden soll. Dieser Stab wird dabei nur leicht mit den Fingerspitzen fixiert. Der andere Stab darf fester gehalten werden und schlägt an.

Holzblocktrommel und Röhren(holz)trommel: Die Instrumente werden vornehmlich mit einem Schlägel mit Hartholz- oder Plastikkopf über dem Schlitz im Instrument angeschlagen. Bei schwierigen Rhythmen werden zwei Schlägel verwendet, das Instrument liegt dann auf einer weichen Unterlage.

Handtrommel (Rahmentrommel)
Um die Trommel zwischen den Beinen halten zu können, sitzen die Kinder am besten auf einem Hocker, dessen Sitzhöhe jedoch richtig gewählt sein muß (s. Abb.). Die Instrumente dürfen nicht zu groß sein. Kleinere Kinder legen das Instrument auf die Oberschenkel.

Beim Spannen und Entspannen der Felle werden immer zwei gegenüberliegende Schrauben gleichzeitig nach und nach festgezogen.

Achtung: Naturfelle dürfen nicht völlig entspannt werden.

Anschlagstechniken: Die Handtrommel wird entweder (an Rand und Fell zugleich)

mit einem Finger

mit mehreren Fingern

mit dem Daumen oder

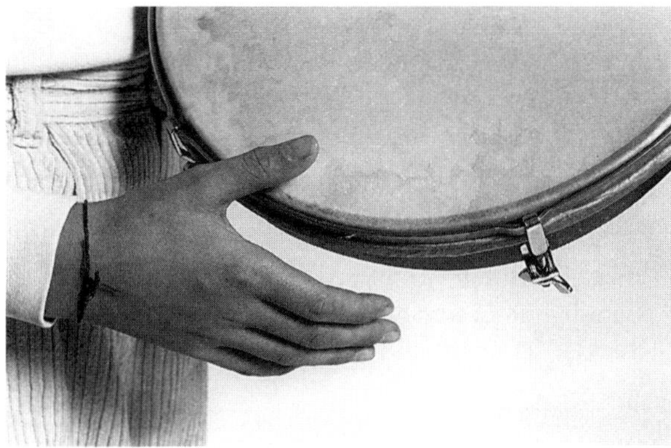

mit der Fingerkuppe angeschlagen.

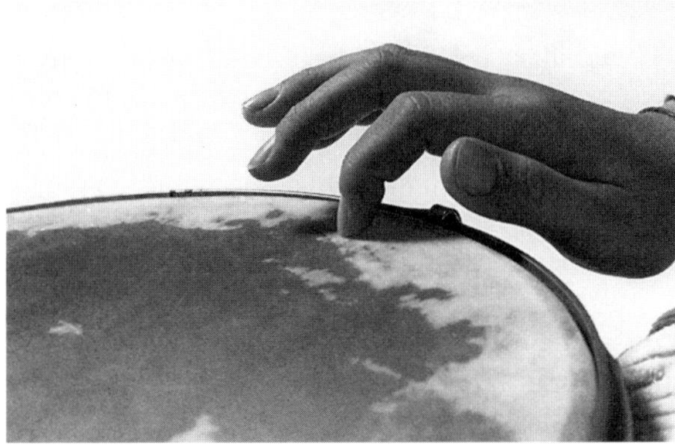

Zu achten ist auf einen federnden, klingenden Schlag.

Manchmal ist ein harter, eher dumpfer Schlag erwünscht (z.B. um einen besonderen Akzent zu setzen). Ein solcher Schlag, bei dem die Hand auf dem Fell bleibt und den Klang stoppt („Stoppschlag"), kann unterschiedlich ausgeführt werden: mit der flachen Hand oder mit der Faust.

Weitere Spielmöglichkeiten, für die auch besondere Notenzeichen erfunden werden können, sind z.B. klopfen, kratzen oder mit einem Finger „an das Fell schnipsen".

Verschiedene Schlägel, aber auch Materialien wie Erbsen, kleine Kugeln, Reiskörner etc., die man in der Trommel hin und herbewegt oder rollen läßt, bereichern die klanglichen und dynamischen Möglichkeiten.

Andere Spielhaltungen:

Schellenstab und Schellentrommel klingen je nachdem, wie sie gehalten werden, unterschiedlich lang:

Liegen die Schellen beim Schellenstab waagrecht, ist der Klang kurz.

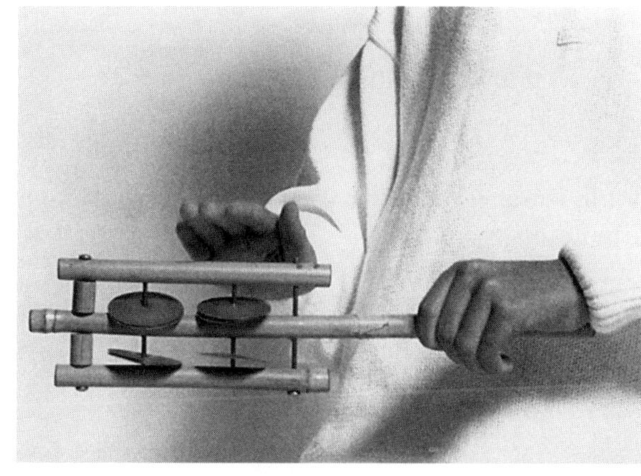

Stehen die Schellen senkrecht, klingen sie länger nach.

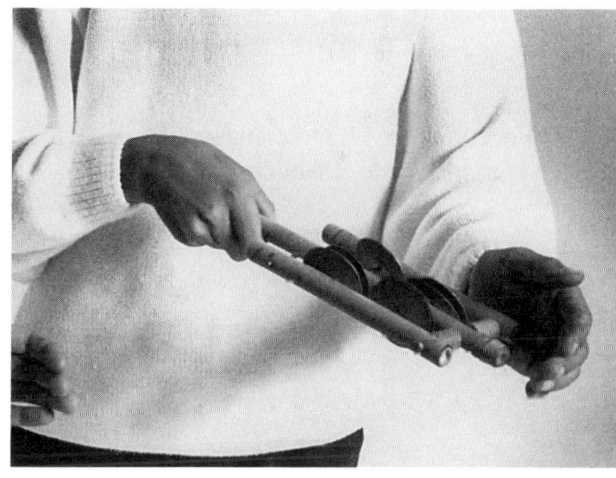

Die senkrechte Haltung empfiehlt sich besonders dann, wenn man einen Wirbel spielen muß, das Instrument also geschüttelt werden soll.

Bei der Schellentrommel erfolgt der Anschlag je nach gewünschter Lautstärke.

Piano-Anschlag: mit dem Mittelfinger, gestützt durch den Daumen:

Forte-Anschlag: mit allen vier Fingern, gestützt durch den Daumen:

Wie bei der Handtrommel verändert sich der Klang je nach Anschlagstelle erheblich.

Fingercymbeln werden entweder mit einem Triangelschlägel gespielt oder zart gegeneinander geschlagen. Die Gummibändchen erlauben es auch, sie paarweise auf Daumen und Mittelfinger zu stecken. Diese Technik wird vor allem im Spiel zur eigenen Bewegung angebracht sein.

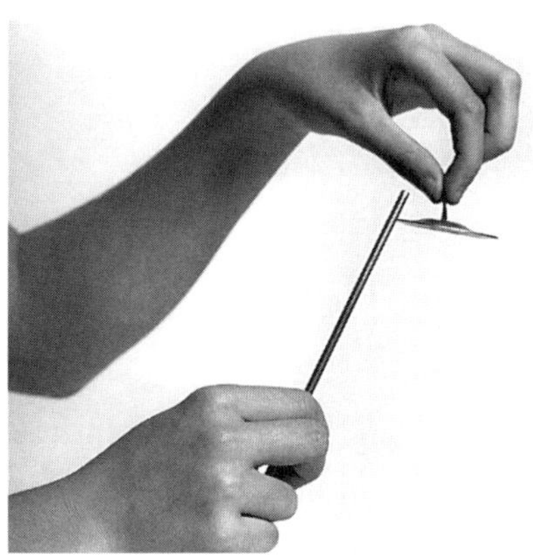

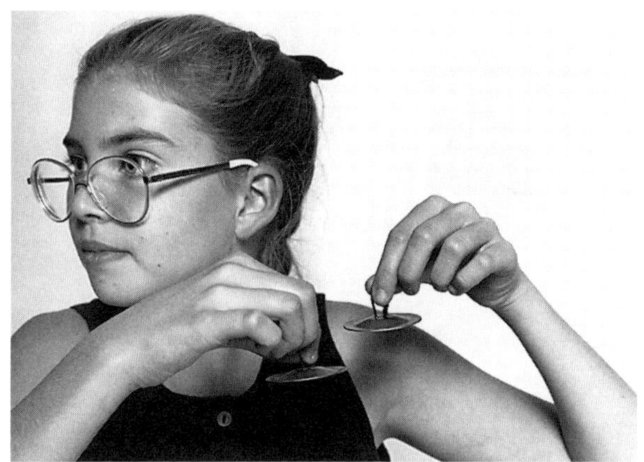

Schellenkranz oder -band und Glockenkranz sind Instrumente, die sich besonders zum Musizieren in der Bewegung eignen. Werden sie im Ensemble benutzt, so hält man diese Instrumente in einer Hand und schlägt sie – je nach gewünschter Laustärke – mit mehreren Fingern oder der leicht zur Faust geballten anderen Hand an.

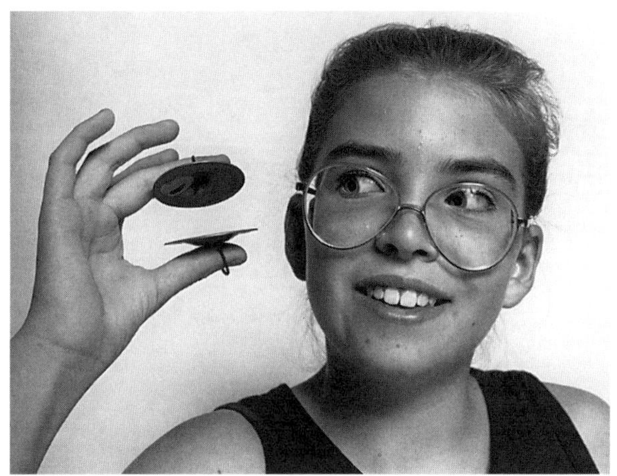

Hängendes Becken, Doppelbecken: Hängende Becken (bzw. Becken auf einem Stativ) werden mit verschiedenen Schlägeln (Trommelstock, Filzschlägel, Paukenschlägel, Jazzbesen) am Rand angeschlagen. Doppelbecken schlägt man federnd gegeneinander (vgl. Musizierbuch Seite 55).

Triangel: Das Instrument wird normalerweise an einem der offenen Schenkel angeschlagen.

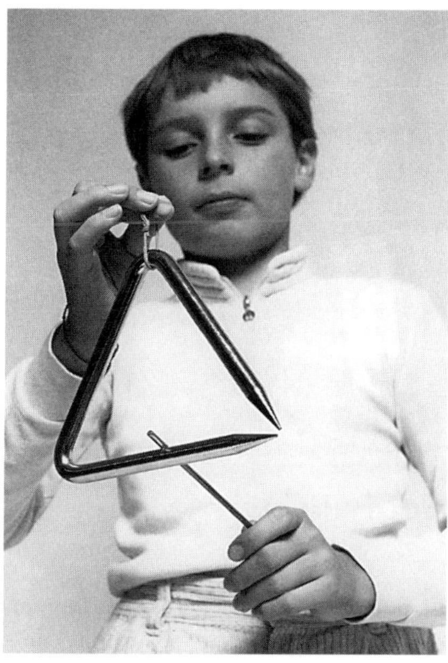

Forte-Schläge spielt man auf dem unteren Schenkel.

Piano-Schläge hingegen werden auf dem oberen Schenkel in Schlaufennähe gespielt.

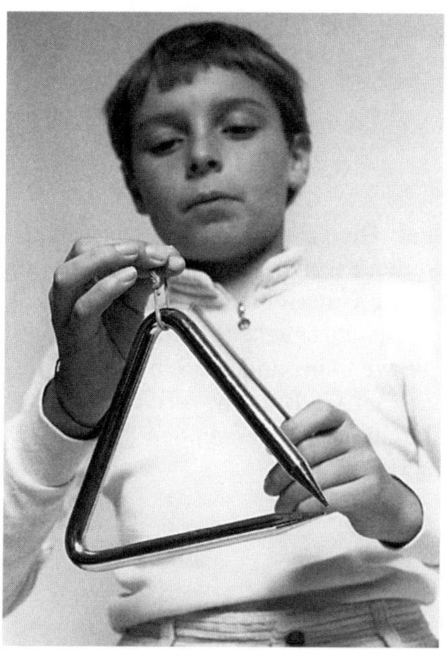

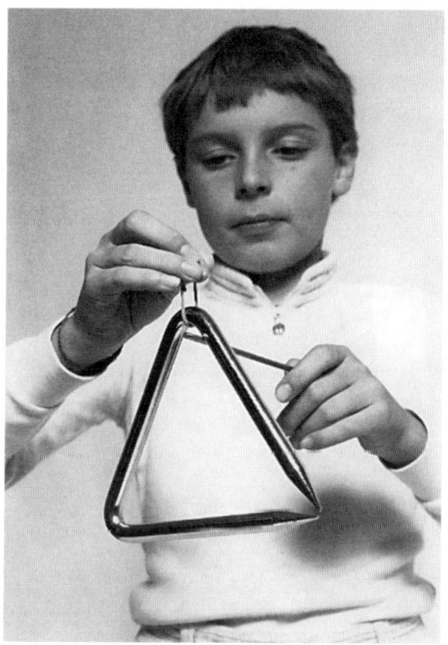

Ein Wirbel wird unterhalb der Schlaufe ausgeführt.

Kugelrasseln (Maracas): Der Klang dieser Instrumente ist durch das Korpus- und Füllmaterial bestimmt. Das Instrument scheint leicht spielbar, doch bedarf es bei schwierigeren Rhythmen einiger Übung und Fertigkeit.

Weitere Fellinstrumente

Als wichtigste Vertreter sind große Trommel, kleine Trommel mit Schnarrsaiten, Pauken, Bongos und Congas zu nennen.

Große Trommel: Die große Trommel wird im allgemeinen mit einem weichen großen Filzschlägel gespielt. Klangliche Unterschiede erzielt man durch das Variieren der Anschlagstelle (Fellmitte, Fellrand) und durch die Verwendung anderer Schlägel (Trommelstöcke, Jazzbesen). – Bei schwierigeren Rhythmen sind zwei Schlägel zu verwenden (vgl. Musizierbuch Seite 55).

Kleine Trommel:

Die kleine Trommel mit Schnarrsaiten wird normalerweise mit zwei Trommelstöcken aus Holz gespielt. Die Verwendung eines Stativs ist unbedingt erforderlich. Je nach gewünschtem Klang kann man die Schnarrsaiten an- und abschalten. Andere Schlägeltypen ergeben neue Klangfarben.

Pauken: In einer bestimmten Zone des Felles klingen Pauken am besten. Sie befindet sich in der Nähe des Fellrandes (vgl. Skizze). Die Mitte der Pauke ist dagegen der „tote Fleck". Auch ganz am Rand ist der Paukenklang nicht zufriedenstellend. Die Qualität eines Paukentones hängt darüber hinaus wesentlich von der Wahl der Schlägel ab.

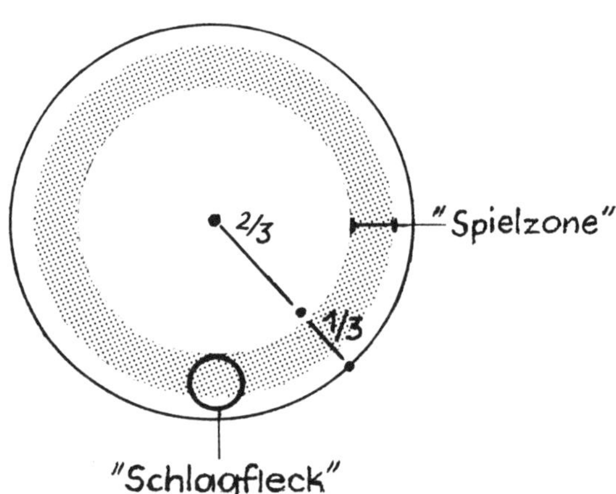

Aus einer bequemen Spielhaltung heraus wird innerhalb der Spielzone der „Schlagfleck" bestimmt. Diese Anschlagstelle soll beibehalten werden.

Um eine saubere Grundstimmung zu bekommen, muß die Pauke überall in der Spielzone die gleiche Tonhöhe haben. Die Intonation wird mit den Schrauben des Spannreifens hergestellt. Drehpauken oder Pauken mit einer anderen zentralen Stimmvorrichtung lassen sich, nach erfolgter Grundstimmung, mit einer Handbewegung umstimmen.

Bongos werden meist im Sitzen gespielt, wobei das Instrument zwischen die Knie geklemmt wird. Kinder spielen das Instrument leichter mit Stativ.

Einfachste Anschlagtechnik: ein federnder Schlag mit dem Zeigefinger auf Rand und Fell zugleich. Die anderen Finger der Hand bleiben geöffnet.

Congas werden einzeln oder paarweise im Stehen oder auch im Sitzen gespielt. Es gibt viele verschiedene Spielarten. Die am häufigsten verwendeten sind:

„offener Schlag" mit abfedernder Hand,

„gedämpfter Schlag" – die Hand bleibt auf dem Fell liegen.

Effektinstrumente

Tempelblocks: Die ursprünglich aus China und Japan stammenden Instrumente werden mit unterschiedlichen Schlägeln (Gummikopf, Holzkopf) gespielt. Tempelblocks werden meist in mehrfacher Zahl und verschiedenen Größen (= unterschiedliche Tonhöhen) verwendet.

Reco-Reco: Das aus Lateinamerika stammende Instrument ist häufig aus einem Bambusrohr gebaut. Es wird mit einem dünnen Holzstäbchen, dem „Schraper", gespielt. Ihm ähnlich ist der **Guiro** (giro, seltener Guero = Gurke), ein ausgehöhlter getrockneter Flaschenkürbis, der auf einer Seite mit Rillen versehen ist (vgl. Musizierbuch Seite 55).

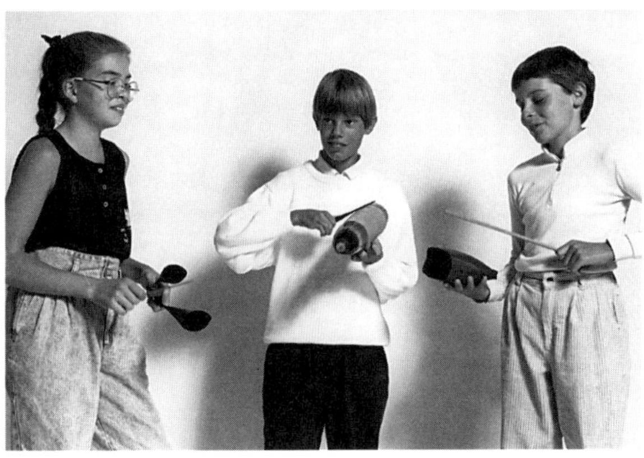

Kuhglocke und Agogo(-Bells): Diese Instrumente können mit einem Schlagholz, einem Triangelschlägel o.ä. angeschlagen werden.

Ratsche: Die Ratsche ist – sparsam eingesetzt – ein wirkungsvolles Effektinstrument.

Zur Pflege des Instrumentariums

Wann immer es möglich ist, werden die Instrumente gemeinsam für den Unterricht vorbereitet, aufgebaut und nach dem Spiel wieder sorgfältig verwahrt. Jedes Instrument benötigt seine individuelle Pflege:

- Instrumente mit Naturfellen müssen gespannt und nach dem Spiel etwas entspannt werden. Die Fellspannung darf nur im Rahmen des vorgegebenen Tonhöhenumfanges erfolgen (Pauken) bzw. muß dem klanglichen Grundcharakter des jeweiligen Instrumentes entsprechen (Handtrommeln etc.).
- Instrumente mit Kunststoff-„Fellen" bereiten in der Pflege weniger Probleme, sind aber aus klanglichen Gründen mitunter nicht so beliebt.
- Stabspiele reagieren auf Feuchtigkeit und Raumtemperatur empfindlich. Entsprechend ist der Aufbewahrungsort zu wählen.

„Musik und Tanz für Kinder“ und weiterführende Spielliteratur

„Musik und Tanz für Kinder“

herausgegeben von Barbara Haselbach, Rudolf Nykrin und Hermann Regner

Schott Musik International, Mainz

Unterrichtswerk zur Früherziehung

Kinderhefte
Der Musikater

ED 7180	– Kinderheft 1 (1. Halbj.) kpl. m. Elternzeitungen 1 u. 2
ED 7180-01	– Kinderheft 1 (ohne Beilagen)
ED 7180-02	– Elternzeitung 1
ED 7180-03	– Elternzeitung 2

Die Tripptrappmaus

ED 7236	– Kinderheft 2 (2. Halbj.) kpl. m. Elternzeitung 3 u. 4
ED 7236-01	– Kinderheft 2 (ohne Beilage)
ED 7236-02	– Elternzeitung 3
ED 7236-03	– Elternzeitung 4

Kluger Mond und Schlaue Feder

ED 7301	– Kinderheft 3 (3. Halbj.) kpl. m. Elternzeitung 5 u. 6
ED 7301-01	– Kinderheft 3 (ohne Beilage)
ED 7301-02	– Elternzeitung 5
ED 7301-03	– Elternzeitung 6

Tamukinder

ED 7344	– Kinderheft 4 (4. Halbj.) kpl. m. Elternzeitung 7 u. 8
ED 7344-01	– Kinderheft 4 (ohne Beilage)
ED 7344-02	– Elternzeitung 7
ED 7344-03	– Elternzeitung 8

Lehrerkommentare

ED 7310	Teil 1: 1. Unterrichtsjahr (zu Kinderheft 1 und 2)
ED 7311	Teil 2: 2. Unterrichtsjahr (zu Kinderheft 3 und 4)

Tonträger

T 233	– MC (1. Unterrichtsj.) (60 Min.)
T 234	– MC (2. Unterrichtsj.) (90 Min.)
T 293-2	– CD (1. Unterrichtsj.) (60 Min.)
T 294-2	– 2 CDs (2. Unterrichtsj.) (90 Min.)
SKK 15	– 2 Poster

Musikalische Grundausbildung

ED 7648	– Kinderbuch
ED 7788	– Liederheft „Wenn ich richtig fröhlich bin“
ED 7648-02	– Eltern-Info
ED 7705	– Lehrerkommentar
T 260	– 2 MCs
T 292-2	– 2 CDs

Weiterführende Spielliteratur

Gunild Keetman

Orff-Schulwerk
„Erstes Spiel am Xylophon“
Schott Musik International, Mainz (ED 5582)

„Spielbuch für Xylophon“ Heft 1–3
Schott Musik International, Mainz
(ED 5576-5578)

Carl Orff/Gunild Keetman

Orff-Schulwerk
„Musik für Kinder“ Bd. I bis V
Schott Musik International, Mainz
(ED 3567, 3568, 4451, 4452, 4453)

Hermann Urabl

„Der Alewander und weitere Tänze für Kinder und Jugendliche“
8 Instrumentalsätze mit variabler Besetzung
Pan Verlag, Zürich (ED pan 151)
(Einspielungen auf CD SwissPan 510524)

Hermann Regner

„Miniatur Konzert“
für Klavier zu vier Händen und Stabspiele
Möseler Verlag, Wolfenbüttel (27034 Partitur)